如何增加你的词汇量

版权声明

ISBN-13: 978-1772452662
ISBN-10: 1772452661

Version 4.5 May 2018

出版

Complete Test Preparation公司
加拿大不列颠哥伦比亚省维多利亚市

登陆我们的官网 https://www.test-preparation.ca

自2005年以来，Complete Test Preparation公司出版发行过很多高质量的考试辅导教材。每年都有成千上万的学生来访问我们的网站，并有来自全世界不同地区的学生，老师和家长购买我们的教学材料，课程，指导教材和模拟试题。
Complete Test Preparation公司一直致力于在市场中为学生提供最优质的考试教材和练习测试。我们团队的成员都是高学历，并有着多年丰富的教学经验的作者和编辑。

公司位于自加拿大不列颠哥伦比亚省维多利亚市。

反馈

我们乐于收到您的反馈。发送您的想法和建议到feedback@test-preparation.ca。我们会认真考虑您提出的建议并把相关内容补充到升级版本中。

www.facebook.com/CompleteTestPreparation

目录

如何增加你的词汇量

当你想到即将到来的考试中不计其数的词汇数量时，你会觉得词汇测试是很可怕的。随着考试日期的临近，你的焦虑感也会不断增加，因为你知道不论你背诵了多少单词，极有可能，你只记住了其中的一小部分。以下是一些技巧，可以帮助你解决考试中有可能会出现的生僻词，你不必翻开字典来记住所有人类已知的词汇。

通过拆分，增强理解生僻词的能力。生僻词，和其他事物一样，都有小部分组成。有些单词是由很多其他单词组成。例如一个举起重量的人就是weight lifter。另外单词也由前缀，后缀和词根组成。大多数时候，我们可以通过这几部分找到不同单词之间的关系。一个双手都灵巧的人叫做ambidextrous。Ambiguous这个词的意思是双重意义的。一个人在做思想斗争可以说ambivalent。两个具有相同意义的词通常都有相同的词根。Bio，一个源自拉丁文的词根，例如单词 biography，意思是撰写一个人的生平，和biology，意思是对生物体研究的学科。

具有双重意义的单词。你知道husband这个词不仅仅是指一个娶妻的男人，还有节约或节俭的意思吗？有的时候，一个单词会有两个意思。字典上的意思，或者一个单词的指示意义有些时候与我们常用的意思或者它的隐含意义是不同的。

广泛阅读，深入阅读和日常阅读。扩充你词汇量最好的办法就是通过阅读使你自己熟识尽可能多的单词。通过阅读，你可以在恰当的内容中对单词进行记忆，因此可以记住它的意思或者至少它的用法。广泛的阅读可以让你熟悉那些你不能每天使用的单词。这毫无疑问是最好的方法。然而，如果你下周或者明天就要考试了，这个方法显然不会有什么效果！下面是几条快速有效的学习新单词的不同方法。

记忆方法。要谨记，将生僻词分割成小部分会容易记忆，并且分割后的小词通常都会有另外一个你不知道的含义。以下是一个全面的词根和词干列表，后面附有一百道题目来帮助你记忆单词。

这里有几个有效的方法来帮助你提升你的词汇。

坚持学习新的单词。想要增加你的词汇量，你需要坚持学习新的单词。坚持每天学习一到两个新词。你也可以通过阅读书籍，诗歌，故事，剧目和杂志来获得新单词。给自己找更多的语言机会来增加你学习新单词的数量。

学习实用性词汇。尽可能多的学习与你工作相关或者你日常用到的词汇。例如学习你专业领域或习惯中的词汇。尽可能多的在你感兴趣的主题中学习单词。

经常使用新的单词。在你学习一个新的单词后就开始使用它，并且经常这样做。在你自己一个人的时候反复背诵它，并经常使用这个词与别人交谈。你也可以使用记忆卡片来练习你学习的新单词。

学习恰当的用法。如果你不理解恰当的用法，可以进行查询并确定你找到正确的用法。

使用字典。当你阅读教材，小说或者老师布置的阅读任务时，放一本字典在旁边。同时也学习如何使用在线字典和WORD字典。当你遇到一个新的单词时，可以查询它的意思。如果条件不允许，你无法及时查询单词的意义，你应当把它写下来，并且之后在有条件的状况下进行查询。这样可以帮助你理解单词的意思以及其准确的使用方法。

学习词根，前缀和后缀。英语单词通常都是由源自拉丁语，法语或希腊语的后缀，前缀和词根演化而来的。学习词根或者原始的单词可以使你更轻松的理解单词的意思，以及其他由这个词衍生出来的单词。一般来说，如果你学习了一个词根，你就会理解对应的两到三个单词。请参考我们下方的词根列表。这是一个事半功倍的衍生法。大多数的前缀，后缀，词根和词干都使用于两个，三个甚至更多的单词当中，因此如果你知道词根，前缀或者后缀的意思，你便可以猜出很多单词的含义。

同义词和反义词。很多单词在英语中是有（至少）两个或三个同义词和反义词的。例如 "big" ，在大多数常规用法中，是有大概七十五个同义词和相同数量的反义词的。因此理解这些词之间的关系以及它们彼此之间是如何关联的，可以在你的头脑中建立一个框架，使你在学习，记忆和回忆单词的时候更加轻松。

使用学习卡片。学习卡片是记忆事物最好的使用工具之一。它们可以随时随地的使用，因此你可以利用很多零散的时间学习，例如等车或者排队的时候。你可以自己制作学习卡片或者去商店购买，并且把它们随时带在身上方便学习。

制作单词表。学习词汇，和学习其他事物一样，需要不断的反复。单独制作一个新单词的列表或者笔记。把任何你遇到或者查询过的新单词都加进这个列表中。不定期的来温习这份新单词表。

从网络或者讲义中拍照或者打印单词表是完全不同的。实际上写出单词并在旁边对它的定义做一些相应的笔记，是把这个单词留在你脑海中十分重要的过程。记下单词并且在你的新单词本中记下它的定义，可以让你把注意力集中在新单词上。而打印或者拍照并不能起到相同的作用。

意思在上下文

语境中的意义是学习词汇的有力工具。从根本上讲, 你从句子的上下文中对意义进行了有教养的猜测。在上下文问题的意义, 也称为句子完成, 你不需要知道确切的含义-只是一个近似的意思回答问题。

这也是正确的, 当阅读。有时有必要知道确切的意思。其他时候, 确切的意思是不重要的, 你可以做一个有教养的猜测从上下文和继续阅读。

下面的上下文练习的意思是练习对意义进行猜测。
 说明: 对于下面的每个问题, 请根据上下文选择最适合句子的词义。

答题卡

	A	B	C	D	E			A	B	C	D	E
1	◯	◯	◯	◯	◯		21	◯	◯	◯	◯	◯
2	◯	◯	◯	◯	◯		22	◯	◯	◯	◯	◯
3	◯	◯	◯	◯	◯		23	◯	◯	◯	◯	◯
4	◯	◯	◯	◯	◯		24	◯	◯	◯	◯	◯
5	◯	◯	◯	◯	◯		25	◯	◯	◯	◯	◯
6	◯	◯	◯	◯	◯							
7	◯	◯	◯	◯	◯							
8	◯	◯	◯	◯	◯							
9	◯	◯	◯	◯	◯							
10	◯	◯	◯	◯	◯							
11	◯	◯	◯	◯	◯							
12	◯	◯	◯	◯	◯							
13	◯	◯	◯	◯	◯							
14	◯	◯	◯	◯	◯							
15	◯	◯	◯	◯	◯							
16	◯	◯	◯	◯	◯							
17	◯	◯	◯	◯	◯							
18	◯	◯	◯	◯	◯							
19	◯	◯	◯	◯	◯							
20	◯	◯	◯	◯	◯							

1. When Joe broke his _____ in a skiing accident, his entire leg was in a cast.

    a. Ankle

    b. Humerus

    c. Wrist

    d. Femur

2. Alan had to learn the _____ system of numbering when his family moved to Great Britain.

    a. American

    b. Decimal

    c. Metric

    d. Fingers and toes

3. After Lisa's aunt had her tenth child, Lisa found that she had more than twenty _____ .

    a. Uncles

    b. Friends

    c. Stepsisters

    d. Cousins

4. Although he had flown many times, this was his first flight in a _____.

    a. Helicopter

    b. Kite

    c. Train

    d. Subway car

5. George is very serious about his _____, and recently joined the American Scholastic Association.

    a. Schoolwork

    b. Cooking

    c. Travelling

    d. Athletics

6. She was a rabid Red Sox fan, attending every game, and demonstrating her _____ by cheering more loudly than anyone else.

    a. Knowledge

    b. Boredom

    c. Commitment

    d. Enthusiasm

7. When Craig's dog was struck by a car, he rushed his pet to the _____ .

    a. Emergency room

    b. Doctor

    c. Veterinarian

    d. Podiatrist

8. After she received her influenza vaccination, Nan thought that she was _____ to the common cold.

    a. Immune

    b. Susceptible

    c. Vulnerable

    d. At risk

9. Paul's rose bushes were being destroyed by Japanese beetles, so he invested in a good _____.

    a. Fungicide

    b. Fertilizer

    c. Sprinkler

    d. Pesticide

10. The last time that the crops failed, the entire nation experienced months of _____.

    a. Famine

    b. Harvest

    c. Plenitude

    d. Disease

11. Because of a pituitary dysfunction, Karl lacked the necessary _____ to grow as tall as his father.

    a. Glands

    b. Hormones

    c. Vitamins

    d. Testosterone

12. Because of its colorful fall _____ , the maple is my favorite tree.

    a. Growth

    b. Branches

    c. Greenery

    d. Foliage

13. When Mr. Davis returned from southern Asia, he told us about the _____ that some-times swept the area, bringing torrential rain.

a. Monsoons

b. Hurricanes

c. Blizzards

d. Floods

14. Is it true that _____ always grows on the north side of trees?

a. Lichens

b. Moss

c. Ferns

d. Ground cover

15. You can _____ some fires by covering them with dirt, while others require foam or water.

a. Extinguish

b. Distinguish

c. Ignite

d. Lessen

16. Through the use of powerful fans that circu-late the heat over the food, _____ ovens work very efficiently.

a. Microwave

b. Broiler

c. Convection

d. Pressure

17. Because of the growing use of _____ as a fuel, corn production has greatly increased.

    a. Alcohol

    b. Ethanol

    c. Natural gas

    d. Oil

18. In heavily industrialized areas, the air pollution causes many _____ diseases.

    a. Respiratory

    b. Cardiac

    c. Alimentary

    d. Circulatory

19. Because hydroelectric power is a _____ source of energy, its use is considered a green energy.

    a. Significant

    b. Disposable

    c. Renewable

    d. Reusable

20. The process required the use of highly _____ liquids, so fire extinguishers were everywhere in the factory.

    a. Erratic

    b. Combustible

    c. Inflammable

    d. Neutral

21. I still don't know exactly. That isn't _____ evidence.

    a. Undeterred

    b. Unrelenting

    c. Unfortunate

    d. Conclusive

22. He could manipulate the coins in his fingers very _____.

    a. Brazenly

    b. Eloquently

    c. Boisterously

    d. Deftly

23. His investment scheme _____ many serious investors, who lost money.

    a. Helped

    b. Vindicated

    c. Duped

    d. Reproved

24. When we go to a party, we always _____ a driver.

    a. Feign

    b. Exploit

    c. Dote

    d. Designate

25. This new evidence should _____ any doubts.

    a. Dispel

    b. Dispense

    c. Evaluate

    d. Diverse

答案

1. D
Femur 名词 大腿骨

2. C
Metric System 是一个测量系统，其基本测量单位是米，千克，秒，安培，开尔文，摩尔，以及坎德拉。

3. D
Cousins 名词 叔叔或者阿姨的儿子或女儿；a first cousin.

4. A
Helicopter

5. B
Schoolwork

6. D
Enthusiasm 名词 感受的紧绷感；激动的兴趣或渴望。

7. C
Veterinarian 名词 治疗非人类动物的医生。

8. A
Immune 形容词 通过接种疫苗得到保护，或者由于对病原体有抗体。

9. D
Pesticide 名词 一种物质，有些是由生物材料制成，但大多数是人造的，用于消灭或控制害虫活动。

10. A
Famine 名词 地区中某一阶段极度的食品短缺。

11. B
Hormones 名词 任何一种从身体组织中产生的物质，会通过血液流动造成生理活动的影响。

12. D
Foliage 名词 植物的叶子。

13. A
Monsoons 名词 热带的雨季，几个月之中只会有少数几次不下雨的情况。

14. B
Moss 名词 在地表或者在树木或石头等表面生长的不同种类的小型绿色植物。

15. A
Extinguish 名动词 将火进行扑灭；使其停止燃烧；使其熄灭。

16. C
Convection 名词 热气和湿气的垂直运动。

17. B
Ethanol 名词 一种用于燃料中的酒精。

18. A
Respiratory 名词 与呼吸相关的；呼吸。

19. D
Reusable 名词 可以被反复使用的；特别是指抢救后或在经过特殊处理或者加工后。

20. B
Combustible 名词 可燃烧的。

21. D
Conclusive 形容词 提供一个时间的结尾；决定性的。

22. D
Deftly 副词 动作上的快速和熟练。

23. C
Dupe 动词 欺骗，行骗，或诱骗。

24. D
Designate 形容词 被指定的，被选中的。

25. A
Dispel 动词 利用分散驱逐，或者使其消失；使清扫。

100个高频词汇

学习词汇，特别是在考试迫在眉睫的时候，需要你对很多单词表进行熟悉。以下是开始你学习旅程的100个"黄金"词汇。当你学习这份单词列表的时候，想想如何把它们混合在一起记忆。可以和朋友或者学习小组一起学习，互相测试对方，或者使用记忆卡片。

1. Abate 动词 减弱或减轻。
2. Abandon 动词 完全放弃。
3. Aberration 名词 一反常态，异常。
4. Abet 动词 教唆或怂恿。
5. Abstain 动词 放弃做某事。
6. Abrogate 动词 取消或废除。
7. Aesthetic 形容词 美学的。
8. Abstemious 形容词 在食品或饮品的使用上有节制。
9. Anachronistic 形容词 时代错误的。
10. Acrimonious 形容词 语言或情绪上犀利或激烈的。
11. Asylum 名词 政治避难，庇护所。
12. Banal 形容词 平淡无奇的，平庸的，或陈腐的。
13. Bias 名词 偏向支持或反对某一方。
14. Belie 动词 使人对...误解。
15. Brazen 形容词 厚颜无耻的。
16. Belligerent 形容词 交战中的。
17. Camaraderie 名词 同志之间的情谊，友情。
18. Cabal 名词 阴谋小集团。
19. Capacious 形容词 非常大的，空间大的。
20. Callous 形容词 无情的或冷漠的。
21. Clairvoyant 形容词 能够预见未来的人。
22. Cantankerous 形容词 脾气坏且爱抱怨的人。
23. Compassion 名词 同情。
24. Captious 形容词 挑剔的。
25. Condescending 形容词 自命不凡的。
26. Chauvinist 名词 本国至上主义者。
27. Conformist 名词 墨守成规的。
28. Clamorous 动词 大声和吵闹的。
29. Deleterious 形容词 有害的。
30. Deference 名词 尊重或者服从他人。

31. Digression 名词 离题。
32. Delectable 形容词 非常美好的。
33. Discredit 名词 名誉丧失，信用丧失。
34. Demeanor 名词 行为；举止。
35. Divergent 形容词 分离的，相异的。
36. Edict 名词 相关职权部分办法的公共命令或指令。
37. Emulate 名词 效仿，模仿。
38. Effete 形容词 不再有活力的；因此，衰弱的或枯竭的。
39. Ephemeral 形容词 飞逝的，短暂的。
40. Elicit 形容词 套出信息。
41. Exemplary 形容词 杰出的。
42. Elucidate 动词 阐明；解释。
43. Forbearance 名词 耐心，克制。
44. Facade 名词 前面或正面，特指建筑表面。
45. Fortuitous 形容词 幸运的。
46. Fallacious 形容词 谬误的；虚妄的。
47. Fraught 名词 充满。
48. Flaccid 形容词 缺少紧致。
49. Ghastly 形容词 糟糕的，死人般的。
50. Grimace 名词 不喜欢某事物时的面部表情。
51. Hedonist 名词 享乐主义者。
52. Harbinger 名词 先驱。
53. Impetuous 形容词 鲁莽的，冲动的。
54. Immaculate 形容词 精准的；完美的。
55. Inconsequential 形容词 不重要的，微不足道的。
56. Impeccable 形容词 完美的。
57. Intrepid 形容词 无畏的。
58. Imprecation 名词 诅咒。
59. Jubilation 名词 非常快乐，愉快。
60. Latent 形容词 潜在的；潜伏的。
61. Longevity 名词 持久（特别指寿命的长度）。
62. Maudlin 形容词 多愁善感的。
63. Nonchalant 形容词 随意的，若无其事的，漠不关心的。
64. Oblivious 形容词 不知道的；未察觉到的。
65. Orator 名词 演说家。
66. Obviate 动词 阻止，消除，通过恰当的方式避免。
67. Parched 形容词 缺水的，干燥的。

68. Panacea 名词 万灵药。
69. Pragmatic 形容词 务实的。
70. Paraphrase 动词 用其他的词来转述文章的意思。
71. Pretentious 形容词 自命不凡的，自以为是的。
72. Pecuniary 形容词 金钱上的。
73. Prosaic 形容词 平淡无奇的。
74. Pensive 形容词 闷闷不乐的。
75. Provocative 形容词 挑衅的，煽动的，使人生气的。
76. Peruse 动词 认真阅读。
77. Querulous 形容词 抱怨的，发牢骚的。
78. Radical 名词 主张对社会和政治彻底改变的人。
79. Reclusive 形容词 隐居的，隐遁的。
80. Recapitulate 动词 扼要重述，概括。
81. Renovate 动词 修整，翻新。
82. Refute 动词 批驳或反驳。
83. Reverence 名词 崇敬。
84. Sallow 形容词 病容的。
85. Scrutinize 动词 认真查看。
86. Sanguinary 形容词 血腥的。
87. Spurious 形容词 谬误的，虚假的。
88. Scourge 动词 重重的惩罚；折磨；鞭打。
89. Substantiate 动词 证明，证实。
90. Scrutinize 动词 认真检查。
91. Superficial 形容词 表面的。
92. Sleazy 形容词 脆弱的，质量差的。
93. Surreptitious 形容词 秘密的。
94. Tactful 形容词 圆滑的。
95. Tangible 形容词 真实的，实在的。
96. Transient 形容词 临时的，非永久的。
97. Vanquish 动词 彻底征服或彻底失败。
98. Vindicate 动词 证明。
99. Wary 形容词 小心翼翼的，谨慎的
100. Zenith 名词 顶点。

词干

我们的衍生法也许是学习新单词最好的方法，你学习了一个词干，之后就可以认识包含这个词干的两个，三个甚至更多的单词。如果你正在为考试的词汇部分做准备，这是最适合你的方法。

下方是一个词干列表，其中包含了具有相应词干的单词示例。列表后面有100个问题。问题分成两个部分，第一部分，根据已知词干选择词义，而第二部分是根据已知意思选择相应词干。

A 词干	词义	单词示例
ab-, a-, abs-	远离	absent, aversion
acr(i)-	尖锐的，刺激的	acrid, acrimony
aer-, aero-	空气，环境	aeronautics, aerosol
agri-	区域，国家	agriculture,
amic-, imic-	朋友	amicable, inimical
ant-, anti-	反对的，对抗的，阻止的	antibiotic, antipodes
ante-, anti-	之前，前面，先于	anticipate, antiquarian
anthropo-	人类	anthropology, anthropomorphic
aqu-	水	aquarium, aqueduct
arche-, archi-	尺子	archangel, archetype
archaeo-, archeo-	古代的	archeology, archaic
arthr(o)-	关节	arthritis, arthropod
astr-, astro-	星星，星星形状的	asterisk, astronomy
aud(i)-	聆听，听，声音的	auditorium, auditory

aut- , auto-	自动的；来自内部的	automobile, autonomy
avi-	鸟	aviary, aviation

B 词干	**词义**	**单词示例**
barograph	重量，压力	barometer,
basi-	在底部	basic, basis
bell(i)-	战争	bellicose, belligerent
bibl-	书	bibliography, bible
bi(o)-	生活	biology, biosphere
brev(i)-	简洁，简短 (时间上)	abbreviation, brevity

C 词干	**词义**	**单词示例**
cap-, -cip-,	炽热的，闪光的	incandescent, candle
capt-, -cept-	持，拿	capture, recipient
cardi(o)-	与心脏相关的	cardiology, cardiograph
cav-	中空的	cavity, excavation
cent-	百	centennial, centurion
chloro-	绿色的	chlorine, chlorophyll
chron-	时间	chronometer, chronology
circum-	周围的	circumference, circumcise
clar-	清晰	clarity, declaration
clin-	床，倾斜	recline, inclined
cogn-	了解	cognitive, recognize
contra-	反对	contrast, contradict
cre-	制作	creation, creature
cred-	坚信，相信	credibility, credentials
cruc(i)-	穿越	crucifix, crucify

crypt-	隐藏	cryptic, cryptography
curr-, curs-	奔跑	concurrent, recursion
cycl(o)-	圆形的	bicycle, cycle, cyclone

D 词干	**词义**	**单词示例**
de-	离开，远离，被移除的	delete, demented
dens-	厚	condense, density
dent-	牙	dental, dentures
dermis-	皮肤	dermis, epidermis
dorm-	睡眠	dormant, dormitory

E 词干	**词义**	**单词示例**
equ-, -iqu-	相等，持平	equal, equivalence
ethn-	当地的	ethnicity, ethnic
eu-	好的	euphoria, euthanasia
ex-, e-, ef-	源自，出来	exclude, extrude, extend
exter-, extra-	外部的	exterior, extrasensory
extrem-	极好的，极佳的	extremity, extremophile

F 词干	**词义**	**单词示例**
-fect-	制作	defect, factory, manufacture
femin-	女性的	femininity, feminist

feder-	条约，协议，合同，联盟	confederation, federal
fid-, fis-	信念，相信	confidence, fidelity
fin-	终结	finish, final
flig-, flict-	罢工	conflict, inflict
flor-	花	floral, florid
form-	形状	conformity, deformity
fract-, frag-	断开的	fracture, fragment
front-tal	前额	confront, fron-tal
fug-, fugit-gitive	逃离	centrifuge, fu-

G 词干	**词义**	**单词示例**
ger-, gest-tion	承受，持有	digest, gesta-
glob-	球体	global, globule
grad-, gress-	行走，步伐	grade, regress
gran-ule	谷物的	granary, gran-
greg-	群聚的	gregarious, segregation

H 词干	**词义**	**单词示例**
haem-	血	haemophilia, haemoglobin
hemi-	一半	hemicycle, hemisphere
her-, hes-herent	依附	adhesive, co-
hom(o)-	相同的	homosexual, homogenous
hort(i)-	花园的	horticulture, horticulturist

| hospit- | 招待 | hospitality, hospitable |
| hydr(o)- | 水 | hydrophobia, hydroponic |

I 词干	**词义**	**单词示例**
idi(o)-	个人的	idiom, idiosyncrasy
ign-	火	igneous, ignition
infra-	下面的	infrastructure, infrared
inter-	之间的，中间的	intermission, intersection

J 词干	**词义**	**单词示例**
jac- -ject-	投掷，扔	eject, interject
jung-, junct-	加入	conjunction, juncture
juven-	年轻，青年	juvenile, rejuvenate

K 词干	**词义**	**单词示例**
kil(o)-	千	kilobyte, kilogram, kilometer
kine-	运动，移动	kinetic, kinesthetic

L 词干	**词义**	**单词示例**
lab-, laps-	滑动，滑倒	elapse, relapse
lact-	牛奶	lactate, lactose
lax-	不紧张	laxative, relaxation
leg-	法律	legal, legislative
lev-	升起，轻	elevator, levitation
liber-	自由	liberation, liberty

lingu-	语言，语气	bilingual, linguistic
loc-	地方	local, location
long-	长的	elongate, longitude
lumin-	灯光	illumination, luminous
lun-	月亮	lunar, lunatic

M 词干	词义	单词示例
maj-	大于	majesty, majority
mal-	不好的	malicious, malignant
mania	精神疾病	kleptomania, maniac
manu-	手的	manual, manuscript
mar-	海洋的	marine, maritime
maxim-	最大的	maximal, maximum
medi-, -midi-	中间的	median, medieval
ment-	理智	demented, mentality
merc-	奖励，奖金	mercantile, merchant
merg-, mers-	浸泡，使进入	emerge, immersion
meter-, metr-	测量	metric, thermometer
micr(o)-	小的	microphone, microscope
migr-	游荡	emigrant, migrate
milit-	士兵	military, militia
mill-	千	millennium, million
mim-	反复	mime, mimic
min-	减少，小于	minority, minuscule
mir-	惊奇，吃惊	admire, miracle
misce-, mixt-	混合	miscellaneous, mixture
mitt-, miss-	发送	intermittent, transmission

mon(o)-	一个	monolith, monotone
mort-	死亡	immortal, mortuary
mov-, mot-	移动	motion, momentum
mult(i)-	很多，许多	multiple, multiplex

N 词干	**词义**	**单词示例**
narc-	麻木的	narcosis, narcotic
nav-	海运	naval, navigate
neur-	神经	neurology, neurosurgeon
nud-	赤裸的	denude, nude
nutri	滋养的	nutrition, nutrient

O 词干	**词义**	**单词示例**
ob-, o-, oc-, os-	反对	obstinate, ostentatious
oct-	八个	octagon, octahedron
ocul-	眼睛	ocular, oculus
omni-	所有的	omnipotence, omnivore
opt-	眼睛	optical, optician
opt-	选择	adopt, optional
or-	嘴	oral, orator
ordin-	秩序	ordinal, ordinary
orn-	装饰	adorn, ornament
ov-	鸡蛋	oval, ovule

P 词干	**词义**	**单词示例**
pac-	和平	pacifism, pacifist
paed-, ped	儿童	pediatric, pediatrician
pall-	苍白的	pallid, pallor
pand-, pans-	传播	expand, expansion
par(a)-	旁边的，附近的	parallel, parameter
past-	喂食	pasture, repast
ped-	脚，儿童	pedal, quadruped
pharmac-	毒品，药品	pharmacy, pharmacist

phob-	恐惧	hydrophobia, agoraphobia
phon(o)-	声音的	microphone, phonograph
plan-	平面的	planar, plane
plas-	塑造	plasma, plastic
plaus-	击掌	applaud, applause
pod-	脚	podiatry, tripod
pol-	极	dipole, polar
pole-, poli-	城市	metropolis, politics
port-	携带	export, transportation
post-	后面，随后的	posterior, postscript
pre-	之前的	prehistoric, previous
prim-	首先	primary, primeval
priv(i)-	分离	deprivation, privilege
proxim-	最近的	approximate, proximity
pugn-	战斗	pugnacious, repugnant

Q 词干	**词义**	**单词示例**
quadr-	四个	quadrangle, quadrillion
quin-	第五个	quintary, quintile
quot-	多少个，多好	quota, quotient

R 词干	**词义**	**单词示例**
rad-, ras-	碎片，修剪	abrade, abrasion
ranc-	讨厌的，嫌弃的，厌恶的	rancid, rancour
re-, red-	返回，回去	recede, redact
retro-	向后，后面	retrograde, retrospective
rid-, ris-	笑	derision, ridicule
rod-, ros-	侵蚀	erosion, rodent
rump-, rupt-破裂		eruption, rupture

S 词干词义　单词示例

词干	词义	单词示例
sacr-, secr-	神的	consecrate, sacrament
sanc-	神圣的	sanctify, sanctuary
sci-	知道	prescient, science
scind-, sciss-	分裂	rescind, scissors
scrib-, script-	书写	inscribe, scripture
se-, sed-	分离的	secede, sedition
sect-, seg-	切	section, segment
sed-	确定，冷静	sedative, sedate
sema-	标志	semantics, semaphore
sen-	老年人	senator, senility
sequ-, secut-	跟随	consecutive, sequence
sign-	标识	design, designate
sist-	坚持的原因	consist, persistence
soci-	群体	associate, social
sol-	太阳	solar
sol-	舒适	soothe, consolation
sol-	独自，唯一	sole, solo
solv-, solut-	松弛的，不拘束的	dissolve, solution
sorb-, sorpt-	吸入	absorb, absorption
spec-, -spic-, spect-	看	conspicuous, inspection, specimen
spher-	球体	sphere, spheroid
squal-	劣质的，肮脏的，污秽的	squalid, squalor
statu-, -stitu-	站立	institution, statute
stell-	星星	constellation, stellar
still-	滴下	distillation
stinct-	分离	distinction, distinguish
stru-, struct-	结构，建筑	construction, construe
subter-	下面的	subterfuge, subterranean

| sum-, sumpt- | 采取 | assumption, consume |

T 词干	**词义**	**单词示例**
tac-, -tic- tang-, -ting-,	安静	reticent, tacit
tact-, tag-	触摸	contact, tactile
tele-	远的，尽头	telegram, telephone
tempor-	时间	contemporary, temporal

T 词干	**词义**	**单词示例**
ten-, -tin-, tent-	坚持	detention, tenacious
tend-, tens-	延伸	extend, extension
termin-	边界，限制，尽头	terminal, termination
terr-	干涸的土地	terrace, terrain
test-	见证者	testament, testimony
tex-, text-	编制	texture, textile
tot-	所有的，全部的	total, totality
trans-, tra-, tran-	穿越	tradition, transportation
traum-	伤口	trauma, traumatic
tri-	三个	triad, tripod
tri-	三个	triangle, trivia
typ-	印章，模具	archetype, typography

T 词干	**词义**	**单词示例**
ultim-	最远的	ultimatum, ultimate
ut-, us-	使用	usual, utility

V 词干	**词义**	**单词示例**
vac-	空的	vacancy, vacuum
vad-, vas-	走	evade, pervasive
vag-	游荡	vague, vagabond
vap-	缺少	evaporation, vapid
ven-, vent-	来	advent, convention
vend-	出售	vendor, vending

VERB -	单词	verbal, verbatim
vert-, vers-	转换	invert
veter-	年长的	inveterate, veteran
vi-	方法	deviate, via

V 词干	词义	单词示例
vid-, vis-	看见	video, vision
vil-	廉价的	vile, vilify
vinc-, vict-	征服	invincible, victory
viv-	生存	revive, survive, vivid
voc-	声音	vocal, provocative
volv-, volut-	滚动	convolution, revolve
vor-, vorac-	吞咽	devour, voracious

Z 词干	词义	单词示例
zo-	动物，生物	zoo, zoology

答题卡

	A	B	C	D	E			A	B	C	D	E
1	○	○	○	○	○		21	○	○	○	○	○
2	○	○	○	○	○		22	○	○	○	○	○
3	○	○	○	○	○		23	○	○	○	○	○
4	○	○	○	○	○		24	○	○	○	○	○
5	○	○	○	○	○		25	○	○	○	○	○
6	○	○	○	○	○							
7	○	○	○	○	○							
8	○	○	○	○	○							
9	○	○	○	○	○							
10	○	○	○	○	○							
11	○	○	○	○	○							
12	○	○	○	○	○							
13	○	○	○	○	○							
14	○	○	○	○	○							
15	○	○	○	○	○							
16	○	○	○	○	○							
17	○	○	○	○	○							
18	○	○	○	○	○							
19	○	○	○	○	○							
20	○	○	○	○	○							

1. Choose the meaning of the stem word quot-

    a. How many

    b. Development

    c. Field

    d. Government

2. Choose the meaning of the stem word stu-

    a. Health study

    b. Building

    c. Stretched out

    d. On both sides

3. Choose the meaning of the stem word baro-

    a. Weight or pressure

    b. North

    c. Brief

    d. Greatness

4. Choose the meaning of the stem word bibl-

    a. At the bottom

    b. Deep

    c. Book

    d. Wood

5. Choose the meaning of the stem word vac-

a. Pretty

b. Stone

c. Empty

d. Vault

6. Choose the meaning of the stem word cand-

a. Long

b. Goat like

c. Harden

d. Glowing

7. Choose the meaning of the stem word temin-

a. End

b. Tenth part

c. Leadership

d. Move away from

8. Choose the meaning of the stem word derm-

a. Above

b. Skin

c. Insane actions

d. Fingers

9. Choose the meaning of the stem word equ-

    a. Even or level

    b. Knowledge

    c. Inside or within

    d. House

10. Choose the meaning of the stem word haem-

    a. Mental state

    b. Blood

    c. Child health

    d. Time

11. Choose the meaning of the stem word hemi-

    a. Half

    b. Air

    c. Strange

    d. Foreign

12. Choose the meaning of the stem word infra-

    a. Doubtful

    b. Foundation

    c. Strength

    d. Below or under

13. Choose the meaning of the stem word junct-

a. Sound

b. Join

c. Jungle

d. Electricity

14. Choose the meaning of the stem word lact-

a. Shine

b. Milk

c. Lecture

d. Teaching

15. Choose the meaning of the stem word lingu-

a. Teacher

b. Language, tongue

c. Knowledge

d. Tribes

16. Choose the meaning of the stem word nav-

a. Slime

b. Ship

c. Join

d. Tell

17. Choose the meaning of the stem word pac-

    a. Feed

    b. Ancient

    c. Peace

    d. Maiden

18. Choose the meaning of the stem word retro-

    a. Backward or behind

    b. Air less

    c. Kidney

    d. Nose or snout

19. Choose the meaning of the stem word rupt-

    a. Gnaw

    b. Prow

    c. Throat

    d. Break

20. Choose the meaning of the stem word sacr-

    a. Sacred

    b. Flesh

    c. Scratch

    d. Seriousness

21. Choose the meaning of the stem word termin-

    a. God

    b. Machine

    c. Boundary or end

    d. Weave

22. Choose the meaning of the stem word ultim-

    a. Fruitful

    b. Farthest

    c. Infection

    d. Shadow

23. Choose the meaning of the stem word ten-

    a. Sacred

    b. Flesh

    c. Scratch

    d. Hold

24. Choose the meaning of the stem word vi-

    a. God

    b. Way

    c. Boundary or end

    d. Weave

25. Choose the meaning of the stem word privi-

    a. Fruitful

    b. Farthest

    c. Infection

    d. Separate

答案 – 第一部分

1. A
词干是quot- 意思是多少，例如单词quota。

2. B
词干是stu- 意思是建筑，例如单词construc¬tion。

3. A
词干是baro- 指与重量或压力相关的，例如单词barom-eter。

4. C
词干是bibl- 与书籍相关的，例如单词bibliogra¬phy 和 bible。

5. C
词干是vac- 意思是空的，例如单词vacancy。

6. D
词干是cand- 意思是炽热的，例如单词candle 和 can-did。

7. A
词干是termin- 意思是终点，例如单词terminal。

8. B
词干是derm- 指与皮肤相关的，例如单词dermis 和 epi-dermis。

9. A
词干是equ- 意思是相等的或平均的，例如单词equal。

10. B
词干是hemo- 意思是血液的，例如单词hemophilia。

11. A
词干是hemi- 意思是一半，例如单词hemisphere。

12. D
词干是infra- 意思是下面和以下，例如单词infrastructure。

13. B
词干是junct- 意思是合并，例如单词junction。

14. B
词干是lact- 意思是牛奶，例如单词lactate。

15. B
词干是lingu- 指和语言，语调相关的，例如单词bilingual 和 linguistic。

16. B
词干是nav- 指的是运送，例如单词naval。

17. C
词干是pac- 意思是和平，例如单词pact 和 pacify。

18. A
词干是retro- 意思是向后的或者后面的，例如单词retrospect 和 retrograde。

19. D
词干是rupt- 意思是破裂，例如单词rupture。

20. A
词干是sacr- 意思是神圣的，例如单词consecrate 和 sacrament。

21. C
词干是termin- 意思是边界或者终点，例如单词termination 和 terminal。

22. B
词干是ultim- 意思是最远的，例如单词ultimate。

23. D
词干是ten- 意思是保留，例如单词detention。

24. B
词干是vi- 意思是路径，例如单词via。

25. D
词干是privi- 意思是分离的，例如单词privilege。

答题卡

	A	B	C	D	E		A	B	C	D	E
1	○	○	○	○	○	21	○	○	○	○	○
2	○	○	○	○	○	22	○	○	○	○	○
3	○	○	○	○	○	23	○	○	○	○	○
4	○	○	○	○	○	24	○	○	○	○	○
5	○	○	○	○	○	25	○	○	○	○	○
6	○	○	○	○	○
7	○	○	○	○	○
8	○	○	○	○	○
9	○	○	○	○	○
10	○	○	○	○	○
11	○	○	○	○	○
12	○	○	○	○	○
13	○	○	○	○	○
14	○	○	○	○	○
15	○	○	○	○	○
16	○	○	○	○	○
17	○	○	○	○	○
18	○	○	○	○	○
19	○	○	○	○	○
20	○	○	○	○	○

1. Choose the stem word that means air or atmosphere.

    a. Bran-

    b. Gen-

    c. Aero-

    d. Agog-

2. Choose the stem word that means women, female.

    a. Fam-

    b. Ward-

    c. Gust-

    d. Femin-

3. Choose the stem word that means end.

    a. Gran-

    b. Fin-

    c. Flux-

    d. Eur-

4. Choose the stem word that means life.

    a. Bio-

    b. Calcu-

    c. Ext-

    d. Ago-

5. Choose the stem word that means outermost, utmost.

    a. Frug-

    b. Etym-

    c. Larg-

    d. Extrem-

6. Choose the stem word that means at the bottom.

    a. Trid-

    b. Eco-

    c. Basi-

    d. Ful-

7. Choose the stem word that means host.

    a. Hospit-

    b. Habi-

    c. Proc-

    d. Paci-

8. Choose the stem word that means people, race, tribe, nation.

    a. Adul-

    b. Baro-

    c. Cad-

    d. Ethn-

9. Choose the stem word that means idea; thought.

   a. Cupl(u)-

   b. Stat-

   c. Ide(o)-

   d. Anal-

10. Choose the stem word that means among, between.

   a. Chang-

   b. Sta-

   c. Inter-

   d. Less-

11. Choose the stem word that means young, youth.

   a. Juven-

   b. Yot-

   c. Drap-

   d. Rabi-

12. Choose the stem word that means not tense.

   a. Hommi-

   b. Lax-

   c. –Tic

   d. Tens-

13. Choose the stem word that means mental illness.

    a. Kilm-

    b. Cher-

    c. Mania-

    d. Logy-

14. Choose the stem word that means greater.

    a. Cede-

    b. Culp-

    c. Maj-

    d. Lar-

15. Choose the stem word that means light.

    a. Lumin-

    b. Radi-

    c. Scope-

    d. Promu-

16. Choose the stem word that means eight.

    a. Kine-

    b. Zeb-

    c. Oct-

    d. Puin-

17. Choose the stem word that means movement, motion.

    a. Kis-

    b. Kine-

    c. Trid-

    d. Agog-

18. Choose the stem word that means child.

    a. Dropi-

    b. Calp-

    c. Ped-

    d. Small-

19. Choose the stem word that means fifth.

    a. Quint-

    b. Ward-

    c. Caldi-

    d. Scor-

20. Choose the stem word that means empty.

    a. Odor-

    b. Vac-

    c. Mar-

    d. Nema-

21. Choose the stem word that means animal, living being.

    a. Ery-

    b. Brat(o)-

    c. Anis-

    d. Zo-

22. Choose the stem word that means before.

    a. Hered-

    b. Pre-

    c. Part-

    d. Jug-

23. Choose the stem word that means end.

    a. Grou-

    b. Stari-

    c. Fin-

    d. Ladi-

24. Choose the stem word that means word.

    a. Nauti-

    b. Baro-

    c. Justi-

    d. Verb-

25. Choose the stem word that means sphere.

    a. Curv-

    b. Glob-

    c. Blob-

    d. Derog-

答案 – 第二部分

1. C
词根是aero- 意思是空气，大气，例如单词aeronautics 和 aerosol。

2. D
词根是femin- 指与女人，女性相关的，例如单词 femininity。

3. B
词根是fin- 意思是终点，例如单词finish 和 final。

4. A
词根是bi(o)- 意思是生命，例如单词biology, biologist 和 biosphere。

5. D
词根是extrem- 意思是最好的，极佳的，例如单词 extremity。

6. C
词根是basi- 意思是底部的，例如单词basic 和 basis。

7. A
词根是hospit- 意思是主持，例如单词hospi¬tality。

8. D
词根是ethn- 意思是人，种族，部落，国家，例如单词 ethnic 和 ethnicity。

9. C
词根是ide(o)- 意思是主意或者想法，例如单词ideogram 和 ideology。

10. C
词根是inter- 意思是之间或之中，例如单词
intercollegiate, intermission 和 intersection。

11. A
词根是juven- 意思是年轻的或者青年的，例如单词
juvenile, rejuvenate。

12. B
词根是lax- 意思是不紧张，例如单词laxa¬tive and
relaxation。

13. C
词根是mania- 指与精神疾病相关的，例如单词
kleptomania 和 maniac。

14. C
词根是maj- 意思是较大的，例如单词maj¬esty,
majority。

15. A
词根是lumin- 意思是灯光，例如单词illumi¬nation 和
luminous。

16. C
词根是oct- 意思是八个，例如单词octagon 和
octahedron。

17. B
词根是kine- 意思是空气的运动，移动，例如单词
telekinesis, kinetic energy 和 kinesthetic。

18. C
词根是ped- 意思是孩子，例如单词pedagogy。

19. A
词根是quint- 意思是五，例如单词quinary 和 quintet

20. B
词根是vac- 意思是空的，例如单词vacancy, vacation 和 vacuum。

21. D
词根是zo- 意思是动物，生物，例如单词protozoa, zoo 和 zoology。

22. B
词根是pre- 意思是之前，例如单词previous。

23. C
词根是fin- 指与终点相关的，例如单词finish 和 final。

24. D
词根是VERB – 指与单词相关的，例如单词VERB al, VERB atim, VERB osity。

25. B
词根是glob- 与球体相关的，例如单词global 和 globule。

常见前缀

前缀是单词词首的部分，用于辅助创建单词的意义。理解前缀可以有效的帮助你提升你的词汇，因为很多前缀使用于两个，三个或者更多的单词中。如果前缀中包含词缀"pre-"，这个词缀是前面的意思。如果你知道前缀的意思，即使你对这个单词不熟悉，你也可以对单词的意思进行猜测。

前缀可能有不止一种含义。以下是100个常用的前缀以及它们相对应的定义和单词示例。
认真学习以下列表并回答下面的问题。

前缀	含义	单词示例
a-, an- amateur	没有	amoral,
acro- acrobat	在高处	acropolis,
ab- abstain	远离	abduction,
anti-	对抗	antidote, antivirus, antifreeze
com-, con- confer	一起	conference,
con¬tra-, contro	对抗，反对	contradiction, contraception
crypto-	隐藏	cryptography
demo-	人，国家	demographics
extra-	多余	extracurricular, extramural
hyper-	超过，多余	hyperactive
homo-	相同的	homonym, homosexual
im-, ir-, il-, in-,	不是，没有	illegal, inconsiderate,
inter-	之间	Intersect, interstate

intra-	之中	intramural, intranet
intro-	内部，里面	Introspect, introduction
multi-	许多	multimillionaire, multiple
mis-	坏的，错误的	miscarriage
micro-	微型的，无数的	microscope, microgram
micro-	百万分之一	microgram, microeconomics
mal-, mis	坏的	maladjusted, malware, mistake
mini-	小的	miniskirt, miniscule
multi	许多	multiple, multiplicity
non-	不是，没有	nonentity, nonconformist
omni-	所有，每一个	omniscient, omnivore
octa	八	octagon, octopus
pre-	之前	preview, precedent
penta-	五	pentagon
pro-	有利于	pro-choice, promotion
poly-	许多	polygon, polyglot
quadr-, quart-	四	quadrangle, quadruple
retro-	向后	retrospect, retro
sub-	下面	submarine, subterranean
semi-	一半	semi-automatic , semi-
super-	极度的	superhuman, supernatural

tele-	长距离	telephoto, telecommunication
thermo	热	thermos
tri-	三	triangle, tricolor
thermo	热	thermometer
un-	不是，相反的	unconstitutional
uni-	一个，单一的	unification
ultra	超过	ultraviolet
zoo-	与动物相关的	zoology

1. Choose the prefix that means single or uniform.

    a. Uni-

    b. Epic-

    c. Hydra-

    d. Si-

2. Choose the prefix that means long distance.

    a. Mini-

    b. Tele-

    c. Dis-

    d. Sci-

3. Choose the prefix that means bad.

    a. Bathy-

    b. Mal-

    c. Re-

    d. Ectos-

4. Choose the prefix that means all or every.

    a. Multi-

    b. Omni-

    c. Creo-

    d. Mal-

5. Choose the prefix that means opposite and against.

 a. Contra-

 b. Deg-

 c. Erg-

 d. Re-

6. Choose the prefix that means wrong or bad.

 a. Dis-

 b. Demo-

 c. Grad-

 d. Mis-

7. Choose the prefix that means many.

 a. Poly-

 b. Pro-

 c. Pan-

 d. Recti-

8. Choose the prefix that means before.

 a. Anti

 b. Tachy-

 c. Pre-

 d. Quin-

9. Choose the best meaning of the prefix anti.

    a. Water

    b. Enemies

    c. Against

    d. Missing the mark

10. Choose the best meaning of the prefix thermo.

    a. Long distance

    b. Heat

    c. Hard

    d. Pressure

11. Choose the best meaning of the prefix intra.

    a. Square shape

    b. Between

    c. Round

    d. Border line

12. Choose the best meaning of the prefix multi.

    a. Blood

    b. Severe pain

    c. Narrow

    d. Many

13. Choose the best meaning of the prefix mini.

    a. Harsh

    b. Acute

    c. Small

    d. Larger than normal

14. Choose the best meaning of the prefix octa.

    a. Extreme

    b. Eight

    c. Short

    d. Water animal

15. Choose the best meaning of the prefix pro.

    a. Extremely cold

    b. Before

    c. In favor of

    d. Repeat

16. Choose the best meaning of the prefix quad.

    a. 3-Sided

    b. Four

    c. Five

    d. Many sided

17. Choose the best meaning of the prefix retro.

    a. Related to temperature

    b. Against

    c. Deny

    d. Backward

18. Choose the best meaning of the prefix semi.

    a. Half

    b. Complete

    c. Related to money

    d. Related to weapons

19. Choose the best meaning of the prefix ultra.

    a. Double

    b. Far beyond

    c. Slow

    d. Related to health

20. Choose the best meaning of the prefix tri.

    a. Three

    b. Acrobat

    c. Related to time

    d. Related to air

21. Choose the best meaning of the prefix un.

a. Alone

b. Together

c. Opposite

d. Agreement

22. Choose the best meaning of the prefix zoo.

a. Same time

b. Relating to animals

c. Related to the forest

d. Large house

23. Choose the best meaning of the prefix homo.

a. Same

b. Red in color

c. Related to blood

d. Hard

24. Choose the best meaning of the prefix super.

a. Extremely

b. Relating to animals

c. Related to the forest

d. Large house

25. Choose the best meaning of the prefix intro.

    a. Same

    b. Red in color

    c. Into

    d. Hard

答案

1. A
前缀是uni- 意思是单独的和一致的，例如单词 unification。

2. **B**
前缀是tele- 意思是长距离的，例如单词 telecommunication。

3. **B**
前缀是mal- 意思是不好的，例如单词maladjusted。

4. **B**
前缀是omni- 意思是所有或者每一个，例如单词 omniscient。

5. **A**
前缀是contra- 意思是反对或者反抗，例如单词 contradiction。

6. **D**
前缀是mis- 意思是错误的或者坏的，例如单词misstep 或者 miscarriage。

7. **A**
前缀是poly- 意思是许多，例如单词polygon。

8. **C**
前缀是pre- 意思是之前，例如单词preview。

9. **C**
前缀是anti- 意思是对抗，例如单词antichrist。

10. **B**
前缀是thermo- 意思是热，例如单词thermostat。

11. B
前缀是intra- 意思是之间的，例如单词intravenous。

12. D
前缀是multi- 意思是许多，例如单词multiple。

13. C
前缀是mini- 意思是小的，例如单词miniscule。

14. B
前缀是octa- 意思是八个，例如单词octagon。

15. C
前缀是pro- 意思是支持，例如单词promotion。

16. B
前缀是quad- 意思是四个，例如单词quadruped, 或者four legs。

17. D
前缀是retro- 意思是后退的，例如单词retrospect。

18. A
前缀是semi- 意思是半个，例如单词semi-detached。

19. B
前缀是ultra- 意思是远处以外的，例如单词ultraviolet。

20. A
前缀是tri- 意思是三个，例如单词trilogy。

21. C
前缀是un- 意思是相反的和否定的，例如单词unconstitutional。

22. B
前缀是zoo- 意思是动物的，例如单词zoology。

23. A
前缀是homo- 意思是相同的，例如单词homosexual。

24. A
前缀是super- 意思是极度的，例如单词supernatural。

25. C
前缀是intro- 意思是进入...之中，例如单词introspect。

常见同义词

同义词，和前缀和词干一样，是一个快速提升你词汇量的很好的衍生学习方法。以下是一个常见同义词列表及相关的练习题。

单词	同义词	同义词
Amazing	Extraordinary	Astonishing
Aggravate	Infuriate	Annoy
Arrogant	Imperious	Disdainful
Answer	Respond	Reply
Antagonist	Enemy	Adversary
Attain	Achieve	Reach
Benevolence	Kindness	Charitable
Berate	Disapprove	Criticize
Beautiful	Gorgeous	Attractive
Big	Gigantic	Enormous
Boring	Uninteresting	Dull
Budget	Plan	Allot
Contradict	Oppose	Deny
Category	Division	Classification
Complete	Comprehensive	Total
Catch	Seize	Capture
Chubby	Fat	Plump
Congenial	Pleasant	Friendly
Criticize	Berate	Belittle
Delicious	Delectable	Appetizing
Describe	Portray	Picture
Destroy	Ruin	Wreck
Dwindle	Diminish	Abate
Difference	Contrast	Dissimilarity
Decay	Rot	Decompose
Decent	Pure	Honorable

单词	同义词	同义词
Decipher	Decode	Decrypt
Eager	Enthusiastic	Willing
Elaborate	Enhance	Explain
Explain	Elaborate	Elucidate
Eccentric	Weird	Odd
Embezzle	Misappropriate	Steal
Fastidious	Exacting	Particular
Flatter	Praise	Compliment
Fantasy	Imagine	Day dream
Furious	Raging	Angry
Good	Sound	Excellent
Genuine	Real	Actual
Gay	Happy	Cheerful
Ghastly	Horrible	Gruesome
Handicap	Disadvantage	Disability
Haughty	Proud	Arrogant
Hypocrisy	Pretense	Duplicity
Humiliate	Shame	Humble
Interesting	Captivating	Engaging
Illicit	Illegal	Unlawful
Immaterial	Irrelevant	Unimportant
Illustrious	Famous	Noble
Impregnable	Unconquerable	Unbeatable
Incoherent	Jumbled	Confused
Dishonest	Deceitful	Duplicitous
Itinerary	Schedule	Route
Intrusive	Invasive	Nosy
Jargon	Slang	Lingo
Jovial	Jolly	Genial
Juvenile	Immature	Adolescent
Justification	Reason	Excuse
Justification	Scoff	Mock
Jostle	Shove	Push
Keep	Hold	Retain
Keen	Sharp	Acute
Keel	Swagger	Reel

单词	同义词	同义词
Limitation	Constraint	Boundary
Least	Lowest	Minimum
Malice	Bitterness	Spite
Match	Identical	Correspond
Memorial	Commemorate	Monument
Meager	Bare	Scanty
Memento	Gift	Keepsake
Necessary	Required	Essential
Negotiate	Scheme	Bargain
Novice	Learner	Beginner
Narrate	Disclose	Tell
Negligible	Unimportant	Insignificant
Obstinate	Adamant	Stubborn
Omen	Premonition	Foreboding
Opulence	Abundance	Wealth
Omit	Exclude	Disregard
Perplex	Confuse	Astonish
Parcel	Bundle	Package
Pause	Wait	Break
Plight	Situation	Scenario
Quack	Fake	Charlatan
Quip	Joke	Jest
Renown	Famous	Popular
Radiate	Emanate	Effuse
Run	Accelerate	Dash
Romantic	Amorous	Loving
Rebel	Dissent	Renegade
Reconcile	Harmonize	Conciliate
Render	Give	Present
Sanction	Authorize	Approve
Satisfy	Sate	Gratify
Strong	Powerful	Hard
Sealed	Stroll	Walk
Shackle	Retrain	Confine
Saunter	Shut	Close

单词	同义词	同义词
Tumult	Confusion	Disturbance
Tacit	Implicit	Implied
Terminate	End	Finish
Thaw	Unfreeze	Defrost
Update	Modernize	Renew
Ultimate	Supreme	Eventual
Uncanny	Mysterious	Spooky
Valid	Accurate	Legitimate
Verify	Validate	Certify
Vacate	Quit	Resign
Various	Assortment	Diverse
Wrath	Rage	Fury
Weird	Strange	Odd
Yearly	Annually	Year by year
Yank	Pull	Draw
Yearn	Long for	Desire
Zealous	Enthusiastic	Dedicated
Zoom	Speed off	Hurry

答案

	A	B	C	D	E			A	B	C	D	E
1	○	○	○	○	○		21	○	○	○	○	○
2	○	○	○	○	○		22	○	○	○	○	○
3	○	○	○	○	○		23	○	○	○	○	○
4	○	○	○	○	○		24	○	○	○	○	○
5	○	○	○	○	○		25	○	○	○	○	○
6	○	○	○	○	○		26	○	○	○	○	○
7	○	○	○	○	○		27	○	○	○	○	○
8	○	○	○	○	○		28	○	○	○	○	○
9	○	○	○	○	○		29	○	○	○	○	○
10	○	○	○	○	○		30	○	○	○	○	○
11	○	○	○	○	○							
12	○	○	○	○	○							
13	○	○	○	○	○							
14	○	○	○	○	○							
15	○	○	○	○	○							
16	○	○	○	○	○							
17	○	○	○	○	○							
18	○	○	○	○	○							
19	○	○	○	○	○							
20	○	○	○	○	○							

同义词练习题

1. Select the synonym of conspicuous.

- a. Important
- b. Prominent
- c. Beautiful
- d. Convincing

2. Select the synonym of benevolence.

- a. Happiness
- b. Courage
- c. Kindness
- d. Loyalty

3. Select the synonym of boisterous.

- a. Loud
- b. Soft
- c. Gentle
- d. Warm

4. Select the synonym of fondle.

- a. Hold
- b. Caress
- c. Throw
- d. Keep

5. Select the synonym of impregnable.

    a. Unconquerable

    b. Impossible

    c. Unlimited

    d. Imperfect

6. Select the synonym of antagonist.

    a. Supporter

    b. Fan

    c. Enemy

    d. Partner

7. Select the synonym of memento.

    a. Monument

    b. Remembrance

    c. Gift

    d. Idea

8. Select the synonym of insidious.

    a. Wise

    b. Brave

    c. Helpful

    d. Deceitful

9. Select the synonym of itinerary.

    a. Schedule

    b. Guidebook

    c. Pass

    d. Diary

10. Select the synonym of illustrious.

    a. Rich

    b. Noble

    c. Gallant

    d. Poor

11. Select the pair below that are synonyms.

    a. Jargon and Slang

    b. Slander and Plagiarism

    c. Devotion and Devout

    d. Current and Outdated

12. Select the pair below that are synonyms.

    a. Render and Give

    b. Recognition and Cognizant

    c. Stem and Root

    d. Adjust and Redo

13. Select the pair below that are synonyms.

a. Private and Public

b. Intrusive and Invasive

c. Mysterious and Unknown

d. Common and Unique

14. Select the pair below that are synonyms.

a. Renowned and Popular

b. Guard and Safe

c. Aggressive and Shy

d. Curtail and Avoid

15. Select the pair below that are synonyms.

a. Brevity and Ambiguous

b. Fury and Light-hearted

c. Incoherent and Jumbled

d. Benign And Malignant

16. Select the pair below that are synonyms.

a. Congenial and Pleasant

b. Distort and Similar

c. Valuable and Rich

d. Asset and Liability

17. Select the pair below that are synonyms.

    a. Circumstance and Plan

    b. Negotiate and Scheme

    c. Ardent and Whimsical

    d. Plight and Situation

18. Select the pair below that are synonyms.

    a. Berate and Criticize

    b. Unspoken and Unknown

    c. Tenet and Favor

    d. Turf and Seashore

19. Select the pair below that are synonyms.

    a. Adequate and Inadequate

    b. Sate and Satisfy

    c. Sufficient and Lacking

    d. Spectator and Teacher

20. Select the pair below that are synonyms.

    a. Pensive and Alibi

    b. Terminate and End

    c. Plot and Point

    d. Jaded and Honest

选择出划线单词的同义词

21. I cannot wait to try some of the <u>delectable</u> dishes served in the new restaurant.

    a. Unique

    b. Expensive

    c. New

    d. Delicious

22. Can you <u>describe</u> the character of Juliet in the play?

    a. Report

    b. Portray

    c. State

    d. Draw

23. The soldiers <u>destroyed</u> the rebel's camp.

    a. Ruined

    b. Ended

    c. Fixed

    d. Conquered

24. There is a big <u>difference</u> in Esther Pete's grades.

    a. Complication

    b. Dissimilarity

    c. Minus

    d. Increase

25. I can <u>attain</u> my goals in life when I study hard.

    a. Finish

    b. Forget

    c. Effect

    d. Achieve

26. The lecture was so <u>boring</u> everybody was starting to get sleepy.

    a. Uninteresting

    b. Sensible

    c. Fast

    d. Exciting

27. The <u>eager</u> crowd yelled and cheered for their favorite team during the basketball tournament.

    a. Bored

    b. Uninterested

    c. Angry

    d. Enthusiastic

28. The government is planning to <u>end</u> famine through mass food production.

    a. Close

    b. Avoid

    c. Stop

    d. Start

29. Children <u>enjoy</u> playing in the park with their playmates.

    a. Dislike

    b. Relish

    c. Spend

    d. Uninterested

30. Can you <u>elaborate</u> on the reason behind your tardiness?

    a. Define

    b. Correct

    c. Explain

    d. Interpret

答案

1. B
Conspicuous and prominent are synonyms.

2. C
Benevolence and kindness are synonyms.

3. A
Boisterous and loud are synonyms.

4. B
Fondle and caress are synonyms.

5. A
Impregnable and unconquerable are synonyms.

6. C
Antagonist and enemy are synonyms.

7. C
Memento and gift are synonyms.

8. D
Insidious and deceitful are synonyms.

9. A
Itinerary and schedule are synonyms.

10. B
Illustrious and noble are synonyms.

11. A
Jargon and slang are synonyms.

12. A
Render and give are synonyms.

13. B
Intrusive and invasive are synonyms.

14. A
Renowned and popular are synonyms.

15. C
Incoherent and jumbled are synonyms.

16. A
Congenial and pleasant are synonyms.

17. D
Plight and situation are synonyms.

18. A
Berate and criticize are synonyms.

19. B
Sate and satisfy are synonyms.

20. B
Terminate and end are synonyms.

21. D
Delectable and delicious are synonyms.

22. B
Describe and portray are synonyms.

23. A
Destroy and ruin are synonyms.

24. B
Difference and dissimilarity are synonyms.

25. D
Attain and achieve are synonyms.

26. A

Boring and uninteresting are synonyms.

27. D

Eager and enthusiastic are synonyms.

28. C

End and stop are synonyms.

29. B

Enjoy and relish are synonyms.

30. C

Elaborate and explain are synonyms.

常见反义词

反义词，和同义词和词干一样，也是一个快速提升你词汇量的很好的衍生学习方法。以下是一个常见同义词列表及相关的练习题。

单词	反义词	反义词
Abundant	Scarce	Insufficient
Abnormal	Standard	Normal
Advance	Retreat	Recoil
Aimless	Directed	Motivated
Absurd	Sensible	Wise
Authentic	Imitation	Fake
Benevolence	Animosity	Indifference
Bloodless	Sensitive	Feeling
Blissful	Miserable	Sorrowful
Brilliant	Dulled	Dark
Certainty	Uncertainty	Doubtful
Capable	Inept	Incompetent
Cease	Begin	Commence
Charge	Discharge	Exonerate
Cohesive	Weak	Yielding
Console	Aggravate	Annoy
Confused	Enlightened	Attentive
Captivity	Liberty	Freedom
Diligent	Negligent	Languid
Dreadful	Pleasant	Pleasing
Decisive	Procrastinating	Indecisive
Deranged	Sane	Sensible
Disable	Enable	Assist
Discord	Harmony	Cooperation
Disjointed	Connected	Attached
Dogmatic	Flexible	Amenable
Erratic	Consistent	Dependable
Ecstatic	Despaired	Tormented
Eligible	Improper	Unfit
Escalate	Diminish	Decrease
Elusive	Confronting	Attracting

单词	反义词	反义词
Exhibit	Conceal	Hide
Fidelity	Disloyalty	Infidelity
Factual	Imprecise	Incorrect
Fearful	Courageous	Brave
Famous	Obscure	Unknown
Gaunt	Plump	Thick
Graceful	Awkward	Careless
Goodness	Meanness	Wickedness
Glamorous	Irritating	Offensive
Hard	Soft	Pliable
Hoarse	Smooth	Pleasing
Hidden	Bare	Exposed
Hearty	Apathetic	Lethargic
Harmful	Harmless	Safe
Harsh	Mild	Gentle
Idiotic	Smart	Intelligent
Idle	Busy	Working
Illegal	Lawful	Authorized
Illicit	Legal	Lawful
Illuminate	Obfuscate	Confuse
Immense	Tiny	Small
Intimate	Formal	Unfriendly
Identical	Opposite	Different
Immense	Minute	Tiny
Justice	Lawlessness	Unfairness
Jealous	Content	Trusting
Joyful	Sorrowful	Sad
Jumpy	Composed	Collected
Knack	Inability	Ineptitude
Kill	Create	Bear
Keen	Uninterested	Reluctant
Laughable	Serious	Grave
Latter	Former	First
Legible	Unreadable	Unclear
Literal	Figurative	Metaphorical
Loathe	Love	Like
Legendary	Factual	True

单词	反义词	反义词
Large	Little	Small
Miserable	Cheerful	Joyful
Moderate	Excessive	Unrestrained
Magical	Boring	Ordinary
Minor	Major	Significant
Myriad	Few	Scant
Narrow	Broad	Wide
Nasty	Pleasant	Magnificent
Nimble	Awkward	Clumsy
Optional	Compulsory	Required
Operational	Inactive	Inoperative
Optimistic	Pessimistic	Doubtful
Ordinary	Abnormal	Uncommon
Pester	Delight	Please
Penalize	Forgive	Reward
Placate	Agitate	Upset
Practical	Unfeasible	Unrealistic
Pensive	Shallow	Ignorant
Queasy	Comfortable	Satisfied
Quietly	Loudly	Audibly
Quirky	Conventional	Normal
Qualified	Unqualified	Incapable
Rapid	Slow	Leisurely
Refuse	Agree	Assent
Reluctant	Enthusiastic	Excited
Romantic	Realistic	Pragmatic
Ridicule	Flatter	Praise
Refresh	Damage	Ruin
Rough	Level	Smooth
Sacrifice	Refuse	Hold
Sadistic	Humane	Kind
Sane	Deranged	Insane
Save	Spend	Splurge
Scarce	Abundant	Plenty
Scorn	Approve	Delight
Scatter	Gather	Collect
Shrink	Expand	Grow

单词	反义词	反义词
Stingy	Generous	Bountiful
Sterile	Dirty	Infected
Tedious	Interesting	Exciting
Tactful	Indiscreet	Careless
Tough	Weak	Vulnerable
Transparent	Opaque	Cloudy
Terminate	Initiate	Start
Truth	Lie	Untruth
Understand	Misunderstand	Misinterpret
Usable	Useless	Unfit
Validate	Veto	Reject
Vanquish	Endorse	Surrender
Vanish	Appear	Materialize
Vicious	Gentle	Nice
Vice	Virtue	Propriety
Villain	Hero	Savior
Vulnerable	Strong	Powerful
Wary	Reckless	Careless
Wasteful	Frugal	Thrifty
Wane	Grow	Increase
Weary	Lively	Energetic
Young	Old	Mature
Yonder	Nearby	Close
Zealous	Lethargic	Unenthusiastic

答题卡

	A B C D E		A B C D E
1	○○○○○	21	○○○○○
2	○○○○○	22	○○○○○
3	○○○○○	23	○○○○○
4	○○○○○	24	○○○○○
5	○○○○○	25	○○○○○
6	○○○○○	26	○○○○○
7	○○○○○	27	○○○○○
8	○○○○○	28	○○○○○
9	○○○○○	29	○○○○○
10	○○○○○	30	○○○○○
11	○○○○○		
12	○○○○○		
13	○○○○○		
14	○○○○○		
15	○○○○○		
16	○○○○○		
17	○○○○○		
18	○○○○○		
19	○○○○○		
20	○○○○○		

反义词练习题

1. Choose the antonym pair.

    a. Abundant and Scarce

    b. Several and Plenty

    c. Analysis and Review

    d. Obtrusive and Hierarchical

2. Choose the antonym pair.

    a. Bully and Animal

    b. Teary-eyed and Gentle

    c. Tough and Weak

    d. Strong and Massive

3. Choose the antonym pair.

    a. Illuminate and Obfuscate

    b. Resonance and Significance

    c. Resonate and Justify

    d. Rationalize and Practice

4. Choose the antonym pair.

    a. Simple and Complex

    b. Plain and Plaid

    c. Shy and Sinister

    d. Vibrant and Cheery

5. Choose the antonym pair.

    a. Elevate and Escalate

    b. Exhibit and Conceal

    c. Boast and Brood

    d. Show and Contest

6. Choose the antonym pair.

    a. Strict and Tight

    b. Hurtful and Offensive

    c. Unpleasant and Mean

    d. Stingy and Generous

7. Choose the antonym pair.

    a. New and Torn

    b. Advance and Retreat

    c. Next and Last

    d. Followed and Continued

8. Choose the antonym pair.

    a. Halt and Speed

    b. Began and Amidst

    c. Stop and Delay

    d. Cease and Begin

9. Choose the antonym pair.

 a. Scary and Horrific

 b. Honor and Justice

 c. Immense and Tiny

 d. Vague and Loud

10. Choose the antonym pair.

 a. Dissatisfied and Unsatisfied

 b. Disentangle and Acknowledge

 c. Discord and Harmony

 d. Fruition and Fusion

11. Choose the antonym pair.

 a. Late and Later

 b. Latter and Former

 c. Structure and Organization

 d. Latter and Rushed

12. Choose the antonym pair.

 a. Belittle and Bemuse

 b. Shrunk and Minimal

 c. Shrink and Expand

 d. Smelly and Odor

13. Choose the antonym pair.

   a. Repulsive and Repentant

   b. Reluctant and Enthusiastic

   c. Prepare and Ready

   d. Release and Give

14. Choose the antonym pair.

   a. Sovereign and Autonomy

   b. Disdain and Contempt

   c. Disorder and Disarray

   d. Refuse and Agree

15. Choose the antonym pair.

   a. Gentle and Soft

   b. Fragile and Breakable

   c. Vulnerable and Strong

   d. Vain and Tidy

16. Select the antonym of authentic.

   a. Real

   b. Imitation

   c. Apparition

   d. Dream

17. Select the antonym of villain.

a. Actor

b. Actress

c. Heroine

d. Hero

18. Select the antonym of vanish.

a. Appear

b. Lose

c. Reflection

d. Empty

19. Select the antonym of literal.

a. Manuscript

b. Writing

c. Figurative

d. Untrue

20. Select the antonym of harsh.

a. Mild

b. Light

c. Bulky

d. Bothersome

21. Select the antonym of splurge.

    a. Spend

    b. Count

    c. Use

    d. Save

22. Select the antonym of idle.

    a. Occupied

    b. Vacant

    c. Busy

    d. Interested

23. Select the antonym of console.

    a. Aggravate

    b. Empathize

    c. Sympathize

    d. Cry

24. Select the antonym of deranged.

    a. Chaos

    b. Dirty

    c. Bleak

    d. Sane

25. Select the antonym of disjointed.

a. Connected

b. Dismayed

c. Recognized

d. Bountiful

26. Select the antonym of confused.

a. Frustrated

b. Ashamed

c. Enlightened

d. Unknown

27. Select the antonym of benevolent.

a. Nice

b. Mature

c. Honest

d. Indifferent

28. Select the antonym of illicit.

a. Unlawful

b. Legal

c. Anonymous

d. Deceitful

29. Select the antonym of sterile.

    a. Dirty

    b. Alcoholic

    c. Drunk

    d. Drug

30. Select the antonym of myriad.

    a. Many

    b. Several

    c. Few

    d. Plenty

答案

1. A
Abundant and scarce are antonyms.

2. C
Tough and weak are antonyms.

3. A
Illuminate and obfuscate are antonyms.

4. A
Simple and complex are antonyms.

5. B
Exhibit and conceal are antonyms.

6. D
Stingy and generous are antonyms.

7. B
Advance and retreat are antonyms.

8. D
Cease and begin are antonyms.

9. C
Immense and tiny are antonyms.

10. C
Discord and harmony are antonyms.

11. B
Latter and former are antonyms.

12. C
Shrink and expand are antonyms.

13. B
Reluctant and enthusiastic are antonyms.

14. D
Refuse and agree are antonyms.

15. C
Vulnerable and strong are antonyms.

16. B
Authentic and imitation are antonyms.

17. D
Villain and hero are antonyms.

18. A
Vanish and appear are antonyms.

19. C
Literal and figurative are antonyms.

20. A
Harsh and mild are antonyms.

21. D
Splurge and save are antonyms.

22. C
Idle and busy are antonyms.

23. A
Console and aggravate are antonyms.

24. D
Deranged and sane are antonyms.

25. A
Disjointed and connected are antonyms.

26. C
Confused and enlightened are antonyms.

27. D
Benevolent and indifferent are antonyms.

28. B
Illicit and legal are antonyms.

29. A
Sterile and dirty are antonyms.

30. C
Myriad and few are antonyms.

如何应对口语考试

关于口语考试

对于大多数学生来说，尽管你觉得在备考方面，口试和笔试是类似的，但参加笔试和口语考试的经历是有很大区别的。

口语考试要求你向考官展示多项能力，其中包括：

1. 口语能力
2. 演讲能力
3. 交流能力

口试分为正式和非正式两种类型。正式的口语考试一般有先前规定好的题目，这一类型通常属于"竞争"类测试。非正式口语的限制要求比较少，并且你有机会来详尽阐释你的答案。

你的考官会根据你之前问题的作答内容来进行提问，考官希望你能够展示出例如问题解决能力等其他答题能力。

1. 口语考试中的问题一般为开放性问题，所以考生需要给出可供参考评估的答案，而不是简单的六个或七个单词。

2. 有些时候口语考试也会考察你了解多少相关领域的知识。

准备口语考试

准备口语考试有两个主要步骤。分别是调整和练习。

调整

和笔试一样，你会了解口语考试中会有哪些题目，因此对作答内容进行调整和修改是十分重要的。

列出你需要调整和修改的所有内容，并且多花一些时间来调整和修改你相对较弱的题目上。根据你所剩的备考时间进行合理安排，试着做出一个涵盖所有题目的学习计划。

除了调整和修改每一个答题内容，试着想想每个题目之间的联系，例如，X问题可行是由于Y问题中包含几个恰当回答X问题的内容。

有很多方法适用于修改和调整备考内容，其中包括：

使用目录卡并写下重点

1. 把要点写在便签上，并贴于房子的各处

2. 把笔记用录音记录下来并且进行回放

3. 向家人和朋友寻求意见和建议

对于每个人来说，修改和调整的方法都不是唯一的；你应当考虑在过去的口语和笔试中真正对你有帮助的方法。

1. 不要等到最后一分钟再调整和修改你的考试内容。

2. 提前思考你的主题中可能会被问道的问题。

3. 花一些时间来做练习题。

4. 请一位朋友来帮你做模拟练习（这样你可以基本了解你将会被问到的问题）。

练习

和调整一样，对于口语考试来说，练习也是很重要的。你会发现照镜子练习是十分有效的；通过这个方法你会找

到平时你和别人交谈时的习惯，例如拨弄头发或者坐立不安。

如果可以，你可以找机会来给自己做一段录音，这样你可以听一听自己的声音是什么样子的。

1. 当着其他人的面来做一些口语的题目练习。

2. 练习大声的讲话，确保所有人都能听到。

3. 练习减慢语速，你可能会发现你在口语考试中的语速过快，因为紧张会使人加快讲话的速度。

4. 练习用完整的句子进行表达。

如果英语是你的第二语言，尽可能多的和你身边所有英语是母语的人交谈。你也可以通过看英文电视，电影和听英文广播来学习和练习。

口语考试

考试前：

一定要提前到达考场，提前确认你的考试时间，日期和地点。

1. 关闭你的手机。

2. 思维灵活一些，很多人会把口语考试看成一次工作面试，所以和工作面试一样，第一印象永远是最重要的。

3. 考试前花几分钟来放松自己是十分有效的。试着做一次深呼吸，并重复这个动作10次。这个动作能帮助你平静下来。

4. 如果在考试中你会使用电脑或者投影仪等设备，提前确认它们都能正常工作。

考试期间:

1. 保持自信和微笑。

2. 尽量与考官保持眼神交流。

3. 保持正确的坐姿。

在回答问题之前深呼吸，做一个简短的停顿是会对你非常有帮助的。

1. 认真听考官说的内容。

2. 如果你不能完全理解问题的内容，可以请考官在重复一遍。

3. 避免天花乱坠的回答；如果你不知道答案可以告知考官。

4. 如果你觉得自己特别紧张，你可以向考官申请喝杯水，进行一个简短的暂停。

5. 在考试结束后要记得感谢考官。

如何备战考试

多数学生在准备考试之前都是迟迟不肯动手的，特别是即将参加的考试是对他们未来有极大影响的时候，希望这样做可以减少考试给他们带来的痛苦。不敢面对考试是很多学生都会有的反应，然而不幸的是，由于缺乏准备，他们的结果都是惨痛的。

准备考试是需要策略的。同时也需要专心致志和持之以恒的态度。对任何一个对未来人生有规划的人来说，备战考试都是一次好的训练。除了需要几个有效策略以外，成功的学生还需要一个明确的目标以及如何完成目标的方法。把这些真实有效的方法实践成功就可以让你轻松备战。学习方法。

自己负责考试备战。
我们经常会把自己的学习依赖于其他人身上，这是一个非常严重的错误。有学习伙伴很好，但是只有在彼此可以互帮互助的前提下才可以。即使你的学习伙伴不能帮到你，准备考试也是你自己的责任。千万不要让任何人打乱你的学习目标。

合理有效分配学习时间。
你什么时候的学习状态最好，清晨还是晚上？你是不是在零碎时间能够有效的吸收和保留信息呢，还是你需要长段的时间来完成？在你学习最高效的时候找到最佳学习时间是十分重要的。试着集中完成其他活动，这样可以留给你长段的学习时间。

找一个无人打扰的地方学习。
不要因为想在旧的地点学习而降低学习质量。尽可能找一个没有干扰的地方，例如图书馆，公园甚至是洗衣房。好的光线十分重要，并且你需要舒适的座位和一张能放下你学习材料的足够大的桌子。可能卧室不是一个适合学习的地方。地上的衣服，你打算读的书，电话或其他物品都有可能成为你的干扰。另外，在学习过程中，床看起来会是一个十分舒适的地方。不论你学习什么内容，不要在床上学习，因为你有可能会睡觉偷懒！上床睡觉是学习期间一定要避免的。

复习卡片是个例外。迄今为止，坐下安安静静的学习是最为有效的学习方法。然而，复习卡片是你可以随身携带并且可以随时随地学习的用品，例如你排队的时候或者等公交车的时候。虽然这种学习方法不能称之为有效，但是确是一件为你的复习提供帮助且值得你去做的事情。
确定你的学习材料。

整理你的书籍，笔记，电脑和其他有助于你复习的考试相关材料。复习之前确认你已经准备好所有材料，不会浪费学习时间。记得带纸，笔，橡皮，便签，水和零食。随身带着手机以便你在需要的时候查询重要信息。但是保持手机关机，使其他人不会打扰到你。

以乐观的态度面对考试。
在考试前的准备期间，保持一个良好的状态说 "我一定会通过的" 是十分重要的。并且挥舞着旗帜战胜考试吧！这是成功学习中的关键之一。对自我能力的坚信不疑可以使你无所不能。

学习方法

学习材料简单明了，方便获取。
对学习材料的整合不会让你的学习区域杂乱无章。如果你有电脑并且有网络连接，那么你就不需要字典或者词典，因为这些内容可以在网络上轻松获得。阅读你的笔记并且对内容进行整合。准备好所有需要的材料，但是不要让重复的复习内容对你造成压力。

复习课堂笔记。

通过经常的复习课堂笔记和作业来保持对知识的熟悉。重新记笔记是一个非常好的学习技巧，因为可以帮助你锁定重要信息。要特别注意任何老师留的评论。如果课堂上有使用任何类型的学习指导，好好利用这些材料！他们会是你学习和复习过程中非常有价值的工具。

预估你的学习时间。

如果你担心没有足够的时间准备考试的话，建议你建立一个学习时间表，使你不至于在某一部分停滞不前而没有时间来复习其他内容。记住要安排休息时间，利用这些时间来进行一些小运动或者减压活动。

通过自我测试来发现弱点。

通过网络找一些可用的测试和评估，例如特定科目的特定练习。一旦你发现了自己不足的地方，你可以集中练习这部分内容，并且对考试其他部分的内容进行巩固和提高。

精神准备 – 如何为考试做好心里准备

因为考试会极大程度的影响你最后的成绩或者决定你是否能被录取，因此可以理解，参加时头脑一片空白。你可以通过自我精神准备来避免焦虑。战胜焦虑的一个简单办法是通过几个简单的小技巧来做精神准备。

不要拖延。

从拿到复习材料那天开始考试复习，并且反复学习直到考试当天。拖到最后一分钟和填鸭式的方法会增加你的焦虑感。这样会导致你进行消极的自我对话，最后导致消极的自我预言。你自己说的 "I can't learn this. I am going to fail" 会得到印证。

积极的自我对话。

积极的自我对话可以压过消极的自我对话，并且增加你的自信。当你开始为考试感觉不知所措或者焦虑的时候，提醒自己说已经复习了足够多的材料，你已经熟知所有材料并且一定会通过考试。只用积极的词汇。不论积极还是消极自我对话都只不过是你的想象，所以为什么不对自己说好听的话呢？

不要用自己和他人比较。

不要用自己和其他学生做比较，或者拿你的表现和其他人的比较。相反的，你需要集中注意力找出你的强项和弱项，并相应的对其巩固和加强。不论其他人如何表现，你的表现才是决定你考试成绩的唯一条件。用你自己和其他人做比较只会增加你考试前的焦虑感和负面的自我对话。想象力。

对你考试时的样子进行一个设想。你应答自如并且感觉很放松。想象你在考试中发挥的很好，并且对学习材料没有任何问题。想象力可以帮助你提升你的自信，以及减少你在考试前有可能会有的焦虑感。不要把这个过程看作是一个考试，而把它看作一个展示你学习成果的机会！
避免负面情绪。

焦虑会像病毒一样蔓延 – 一旦这种情绪开始就会一发不可收拾。因此需要在它成为问题之前就阻止它。即使你自己是放松和自信的状态，你身边同学焦虑和担心的情绪也会使你开始感到焦虑。考试之前，千万不要被其他同学的恐惧感所影响。考试之前有焦虑的担忧感是正常的，且每个学生体验到这种感受的时间点是相同的。但是重要的是你不能让这种负面情绪对你的发挥造成影响。练习一些精神准备的方法并且记住考试不仅仅是测试学术水平，这些方法将会减少你的焦虑感，让你在考试中有最好的发挥。

如何考试

大家都知道考试是一件十分有压力的事情，但是其实并没有想象中那么糟糕！以下是你可以完成的几件简单的事情，它们可以帮助你在任何考试中提高分数。赶快来看一下这些小窍门，并想想如何将它们应用在你的学习时间中吧。

阅读题目要求

这是最基础，但也是最容易被学生忽略而造成大量时间浪费的地方！因为阅读要求是最基础，并且可以100%防止出错的部分，我们会有专门的一部分来讲解如何阅读题目要求。

认真阅读例题。几乎所有的标准化考试都会提供例题以及相对应的正确答案。通过这些题目来确定你完全理解题目的意思，并指导如何做正确的解答。如果遇到让你困惑的题目或说明时，不要害怕去向你的导师求助。

阅读题目的技巧
对于阅读题目的技巧，我们可以写出很多很多的内容。但这里是对你最有帮助的一些。

> • 先思考。在看选项之前，首先阅读和思考问题。建议你在看选项之前，先试着自己找出正确答案。这样的话，当出题人想用十分接近的答案来迷惑你的时候，你不会掉入那些陷阱。

> • 判断正误。当你对题目犹豫不决的时候，可以阅读每一个选项并且判断他们是正确还是错误的。最终选择那个看上去最正确的一个。

> • 标记问题。不知道为什么，很多参加考试的人不喜欢在试卷上做标记。除非有人明确告诉你不可以在试卷上做标记，否则为什么不好好利用这个机会

呢。以下是更多关于这方面内容。

• 圈出关键词。当你阅读问题的时候，划出或圈出关键词。这样可以帮助你集中精神在用于解题的最重要信息上。例如，如果问题说"Which of these is not a synonym for huge?"你可以圈出"not"，"synonym"和"huge"。这样可以清除杂乱的信息，使你集中注意力到重要的信息上。以下是更多关于这方面内容。

• 一定要划出的关键词：all，none，always，never，most，best，true，false and except。

• 划掉不相关的选项。如果你被较长的题目所困扰，可以划掉任何你觉得不相关，具有明显错误，或者是你觉得用来迷惑你的信息。

• 不要试着挖掘字里行间的意思。通常来说，问题是会被直接给出的，不会有深入，或者潜在的其他意思。简单的答案通常就是正确的答案。不要过度分析！

如何考试 – 基本原则

有些测试是考察你快速抓住有效信息的能力；这类考试对于速度的要求是第一位的。其他类考试则会更侧重你对知识了解的深度，和准确度。当你拿到一份试卷的时候，仔细过目来判断一下，这份测试是在考察速度还是准确性的。如果考察的是速度，那么和其他标准化考试一样，你的策略就十分明确；在要求时间内尽可能多的正确回答问题。

但是，要注意！有一些测试是考察你是否能准确完整的回答问题。猜测答案在这类考试中是大忌，因为出题老师预期，任何平均分数线以内的学生，都能够在测试要求时间内完成考试。因此匆忙的答题并且猜测出一些不正确的答案会浪费你大量的时间！
看重每一个小细节。

如果准许你带计算器，或者其他物品进考场，一定要确保你带上它们，即时你不知道会不会在考试中用到。使用任何你可以支配的物品来提高你的分数。

与时间交朋友。

从你落笔的那一刻开始，合理的安排你的时间直到考试结束，并严格执行！事实上在标准化考试中，每一部分都是有时间限制的。考试中每一部分允许你的作答时间基本一定会出现在考试要求中，或者打印在试卷的顶端。如果由于某些原因你没有及时看到，不要浪费时间来寻找这些信息，你可以用每部分的分值和百分比来代替并做出一个有根据的时间限制推测。

根据分配好的时间对每部分进行作答，到时间后，不论你是否完成答题，都要进入下一部分的作答。严格按照分配的时间进行，你就能够完成每一部分中多数问题的回答。如果是速度测验，你有可能完不成所有的题目。不过出题老师一开始就没有希望你能完成所有的测试内容！这类考试的目的是检测你对大脑中知识的提取速度以及对于特殊信息的访问能力，这也是测试你对知识了解程度的一种方法。如果你知道你参加的考试是一项速度测试，那么你就应该利用策略争取答出最好的成绩。

轻松作答。

处理考试一个聪明的办法就是找到并先回答简单的问题。这是一个经过长时间测试后屡试不爽的方法，因为它帮助你节省的大量不必要的烦恼。首先，阅读题目并判断你是否能在一分钟之内作答。如果可以，完成题目并进行下一道题。如果不可以，先略过这一题并继续看下一个题目。当你在考试中完成对这部分第一轮的作答后，你已经回答了很多道题目。这样不仅能提升你的自信心，缓解焦虑并提升你的记忆力，你也会准确的知道剩余的答题时间，使你可以合理的分配剩余的时间。通过首先作答简单的题目来进行一下热身吧！

如果考试时间要结束了，而你没有能在计划时间内完成所有的难题，千万不要让这件事影响你。对于你来说，是否最有效的利用了考试时间，来正确回答尽可能多的问题才是重要的。因为不知道答案而没有作答所造成的失分，其实是因为你花了那些题目的时间在回答那些你知道答案的题目上。

送给智者的一句话：略过那些你一概不知的题目是一件事，但是我们不建议你略过所有你不是100%确定的题目。一个好的经验法则是，在第一次过滤时尝试着回答10个问题中的八个。

不要看你的手表。

即便在最好的情况下，参加一项重要的考试也会是一个不舒适的状态。如果你和其他人一样，你也会下意识的被分散掉手头考试的注意力。最常见的一种情况就是你会不停的看你手上的或者墙上的表。不要看你的手表！把手表摘掉放在桌角足够远的地方，这样你就不会每过两分钟就不自觉的想看一眼。最好，把手表反过来放。这样的话，每次你试图想看时间，你都能提醒自己要重新集中注意力到考试答题中。可以设定在每答完一项题目的时候可以查看一次时间。如果你觉得自己是一个在生活中动作比较慢的人，查看时间的次数可以多一些。但即便如此，也要集中精神回答问题，而不是看自上一次看表之后时间多去了多长时间。

化整为零。

当你遇到一个题目，它的困难程度甚至让你不知道题目在问什么，这个时候你应该怎么做呢？我们之前的建议是，在第一次过滤题目时你最好把这个问题略过。但是有些时候，你还是需要返回去看并解决这个题目的。这样一个让你万分焦虑并毫无头绪的题目，解决它最好的方法是把它分割成容易处理的几部分。解决小问题总是会容易一些的。对于复杂的题目来说，将他们化整为零并分而治之。一旦了解分割后的部分的内容，你就可以轻松的把小部分的内容重新组合来解决更大的问题。

从难题中找出你的解答方法。

如果你看到一道十分复杂的题目，并且你不知道如何将它进行分割，以下的这些策略可能会对你有帮助。首先，重新阅读题目并寻找提示。你能否换一种或几种方式来转述问题呢？这个方法可以为你提供一些思路。寻找到那些功能性的动词或者名词，并且将它们在句子结构中定位。请记住，英语中的很多名词都是由很多不同含义的。当中有些含义是相关的，但有的时候是截然不同的。如果当你对句子的含义不理解的时候，思考一下关键词的其他定义或意思。

事实上，想要得到正确答案，并不总是一定需要完全理解问题的含义！那些成功的学生会使用策略5，消除法，来作为答题的小窍门。大部分情况下，至少有一个答案是明显错误的，并且可以从备选的正确答案中划掉。下一步，看看剩下的选项并且删除那些部分正确的选项。可能有的时候还是需要你努力的猜测，但是使用消除法，可以尽可能的帮助你寻找到正确答案 – 即时在你不知道问题真正含义的情况下！

不要提早交卷。

即时你等不及想赶快离开考场，你也要充分使用你分配好的所有时间。相反，一旦你完成了答题，利用剩余的时间来检查你的答案。回到那些对于你来说最难的题目并检查你的答案。另一个使用这些时间的好方法是，回到那些你在答题卡上涂卡的选择题。进行抽样检查，随机检查连续的五个或六个答案，确保你的答案与答题卡上的答案相一致。这样可以检查你是否有涂错的地方，或者因为空涂一个位置而导致之后的答案都是错误的！

让自己变成一个超级侦探并寻找粗心大意犯下的错误。寻找那些含有两个否定词或者不寻常用词的问题；它们可能是用来迷惑你的。粗心的错误可能是用于你看题速度过快或者是错过关键词。例如"always"，"never"，"sometimes"，"rarely"这些词或者与它们类似的词，都强烈表明答题需要进行一些搜索来完成。千万不要因为粗心大意而丢分！

正如你在考试开始时，根据问题的难易程度安排时间的方法一样，确保你给自己留下充足的时间来检查答案。写作题目和数学题目需要你展示你的水平，检查你的字迹来确保他们是清楚可读的。

数学题目是非常需要答题技巧的。检查数学题的最好的方法是，如果有可能，使用另外一种思路再做一次。

还有一个好建议。好像不论你怎样努力和尝试，你仍然会遇到很多你不确定的问题。记住这些题目并继续完成后面的考试。如果你找不到问题的答案，可以回到试卷中并找出与同一内容相关的另一个题目，也许会给你一些线索。我们都知道参加考试是十分有压力的，并且你想尽快解脱。但是切记，在尽可能多的检查你的答案之前提前交卷，会使你更快的面临灾难。只需要花几分钟就可以使你的成绩由坏变好。更何况，在考试结束以后你会有大把的时间来放松和庆祝。

在考场中 – 你一定要做的几件事！

如果和世界上其他人一样，参加考试是你最想摆脱的事情，没有任何事情会让你改变主意。然而，即时你想也根本不可能实现。与其痛苦，不如做一些态度上的调整，也许可以将一次糟糕的经历转变成...一个不错的经历！看看以下的这些提示。通过简单改变你面对考试的态度可以改变考试经历本身。

提前进入状态。

通过几周的学习，这个重要的日子终于要来了。你可以做的是提前让自己进入考场，来体会坐在其中的沮丧，担心和焦虑。时刻检查你自己的情绪状态。如果你的情绪在考前是不稳定的，可以证明你在考试中会有一个怎样的发挥。给自己加油打气是十分重要的，要相信你自己，并且利用自信心把自己带入情绪中。

不要和现实作斗争。

大多数时候，学生都是对考试不满的，而且理由很充分。毕竟，很多人不善于考试，并且他们知道考试的成绩不能真实准确的反映出他们的知识水平。可以理解，人们对于考试不满的原因是因为，考试对学生进行划分并且创造出了看似不公平的分类制度。面对现实吧：善于死记硬背的学生而不善于内容分析的学生通常会得高分，而那些具有创造性思维并且不喜欢简单死记硬背的学生则成绩会较低。这也许是不公平的，但是现实就是这样的。遵循规则是考试的会给你加分，而创造能力则通常是减分的。对于这个现实情况来说，没有必要浪费时间和精力来懊恼。你要做的第一步就是接受现实并习惯它。当你意识到考试的重要性并且你必须全力以赴的时候，你就会取得好的成绩。想想的将来和事业，如果你能一直取得好的成绩，就会使它们更容易实现。避免那些消极的情绪并且将注意力放在那些可以提高你热情和增加你积极性的事情上。
提前到考场并给自己足够的时间放松。

如果你担忧，紧张，害怕，焦虑，或者觉得慌张，这些都会对你造成影响。提前到达考场并在进去之前放松自己。这样，当考试的时候，你就已经适应了周围的环境并且做好的考试的准备。当然，你不想太早的到考场，让自己是唯一一个坐在里面的人。那样不仅不能够帮助你放松；而只会让你有太多的时间坐在那里，又重新产生焦虑和担忧的感觉。

如果可以的话，提前几天参观一下你即将参加考试的考场。对考场有一个视觉上的概念可以对情绪上的冷静有极大的帮助，因为它带走了一个最大的"未知因素"。不仅如此，当你看过考场之后，你就会知道去考场的路线而且不会担心会迷路。而且，去过考场之后你会知道路程大概需要花多长时间。也就是说，三个潜在的焦虑因素已经被一次性的排除了。

在纸上做笔记。

提前到考场的其中一点好处就是可以给你时间来做笔记。如果你会花很多时间来担心是否能记住像姓名，日期，地点，和数学公式这些信息，有一个方法是可以解决这个问题的。除非你参加的考试允许你携带书或者笔记，（很少考试会允许这样做）否则你只能依靠记忆。提前到考场可以给你自己一点时间来开通你的记忆，并且粗略的记下一些你将会被考察到的信息点。但是你要事先确定在进入考场后是可以做笔记的；不是所有的考场都允许这样做。当你拿到试卷之后，在一张小纸上写下所有你担心会忘记的内容。只要花一两分钟把这些担心转移到纸上，就能有效的消除你大部分的焦虑和慌张。

让自己放轻松。

这里是一个可以帮助你缓解身体的紧张感，并能使你感觉舒适甚至放松的小技巧。你需要绷紧你全身的肌肉并坚持几秒钟。窍门是，你必须用力绷紧全身的肌肉才能有效果。你可能需要在家提前练习几次；毕竟你不希望在考试前由于一个不熟悉的技巧来增加你的压力感！当你达到考试地点之后，可以在洗手间或者任何安静的地点来进行这个练习。

从脸部开始，之后逐渐向整个身体过渡。绷紧，紧握肌肉并坚持一两分钟。当你向整个身体过渡时要注意每部分肌肉的感觉。扩张你的肩部来绷紧你的背部。用力吸气让你的胃部尽可能的向后面贴近，确保你的背部下方的紧张感并张开你的手指。绷紧你的腿部肌肉和小腿，然后张开你的脚部和脚趾。你整个身体现在应该和板子一样僵硬。

现在，反向从你的脚趾开始进行放松。当你逐一放松身体每个部位时，要注意每一块肌肉的感觉变化。当你放松过一块或者一组肌肉的时候，要始终保持它们放松的状态。集中注意力感受整体放松后的感觉。当放松进行到胸部位置的时候开始深呼吸。这样，在你坐在考试位置的时候，你会感受到无与伦比的放松感！

集中注意力。

少数的人可以在参加重要考试的时候全神贯注的进行作答，但是大多数人的注意力还是容易会被分散的，可能因为考场是你最不想待的地方！以下是几件可以帮助你集中注意力的事情。

远离窗户。如果你选了靠窗的位置，你可能会不自觉的注视外面的草地，而不是集中精神在考试中。而且，任何与人类相关的活动，不论是一个行人走过，还是一对夫妻的争吵或者是亲吻，都有可能拉走你的注意力而使你不能进行重要的工作。因此外面发生的任何事都不应该成为你的干扰。

选择一个远离走道的位置，当有人提早离开考场的时候不会对你造成影响。提前离开考场的人通常都是成绩不好的。千万不要和他们做时间上的比较。

当然，你爱你的朋友们；这也是他们能够成为你朋友的原因！然而，在考场中，在你的意识里他们应该完全变成陌生人。你要忘记他们的存在。要做的第一步就是坐的离你的朋友或者同学远一些。这样的话，你就不会下意识的想看看他们完成的如何，而且你们也不会有机会进行眼神的交流，既不会使你分心，又免去了作弊的嫌疑。并且，如果你的朋友或同学因为没有和你一样努力复习，他们会感到焦虑，这种感受会完全打破你平静的心理。

当然，你会希望选择一个光线好的位置。因为没有人会愿意坐在忽明忽暗或者光线不好的灯下来完成一项重要的考试。

如果外面有嘈杂的声音的话，可以请你的老师或者监考老师把门关上。如果他们不能这样做，那么就尽你最大的能力来屏蔽那些噪音。千万不要让任何事情干扰你。

确保你带了足够的铅笔，笔和任何你会需要用的物品。大多数入学考试是不允许你带任何如糖果等私人物品尽考场的。如果你要参加的考试是这样规定的话，要确保你的早餐是营养均衡的。吃一些蛋白质，复合碳水化合物和一点脂肪，来增加你的饱腹感并且提供额外的能量。没有什么是比在考试过程中突发低血糖更糟糕的事情了。

不要让温度的过冷或过热成为影响你的因素。不要考虑室外的天气状况，为了防止考场的空调开得过高或者暖气开的过低，带一件毛衣，围巾或者外套以备不时之需。处于同样的原因考虑，多穿几层衣服可以使你对气温的变化有所准备。

带着手表可以让你可以随时管理你的时间。但是对于多数学生来说，手表有可能会让他们更多的关注自完成上一题之后时间过去了多久。因此不要把手表带在手上，而是摘下来并反过来放在桌子远处的角落里。这样，你就不会因为反复的看时间而分心，而是在你需要的时候再去看时间。

喝上一加仑的咖啡或者多喝一些能量饮料看起来是一个好主意，但是事实上，这是一个非常坏的主意。咖啡因，兴奋剂或者其他人造的功能性饮料都会造成你处于一个长期兴奋和疲劳的状态。你的大脑看似在不停的运转，但极有可能它没有在正确的轨道上运转！不仅如此，饮用太多的咖啡或功能饮料会让你频繁的想去洗手间。这会耽误你大量的答题时间，并且会分散你的注意力，因为每次你离开考场时都会无法集中精神。兴奋剂只会让你在解决复杂的问题时更难的进行清楚的判断和思考。

同时，如果你正在受焦虑的困扰，尽量的避免使用镇静剂。即时是处方的镇静剂也会降低你的意识和动力。动力是你在考试的全程中都需要的。如果你由于过于焦虑而影响到你考试的能力发挥，你需要请你的医生为你开具一份医疗证明。如果有医生的证明和解释，只要条件允许，很多考试中心都会提供无干扰考场，延长考试时间或者其他相应的服务。

保持呼吸顺畅。

也许听起来很不符合常理，但是很多人在焦虑，紧张或者恐惧的情况下，他们的呼吸就会变弱，甚至有些时候会难以呼吸！要时刻注意你的情绪，当你觉得担忧时，要集中精神进行呼吸。花几秒钟来提醒你自己做规律的深呼吸。在进行稳定的吸气时，深呼吸能够为你的身体增加能量。当你持续做深呼吸的动作时，你会觉得紧张的情绪在吐气的时候被排出体外了。

在家练习呼吸是一个非常明智的方法。用这个放松式的方法进行练习，你会开始了解那些在紧张状况下紧张的肌肉。暂时称它们为"信号肌肉"。这些肌肉是你首先要解决的问题，它们需要被最先放松。花些时间来听听这些肌肉的想法并按照它们说的话去做。通过一些简单的呼吸练习，你会养成检查规律呼吸的习惯，当你意识到有紧张的情绪时，放松就会成为你身体中第二种条件反射。

考试前避免焦虑

有效的管理你的时间。

这是你成功的关键！你需要利用整块的时间来学习所有的相关材料。制作一个时间表并按照安排的时间进行，时间表可以帮助你跟踪你的进度，并且会提醒你的家人和朋友你正处于复习的紧张阶段。不论由于什么情况，你都不应该因为任何人改变你的复习安排，或者放弃学习时间去做一些娱乐活动。千万不要让任何事情影响你的学习时间！放松。

使用最适合你自己的方法来进行放松。有些人喜欢通过瑜伽来进行放松，也有些人喜欢写一些日记和随笔来表达自己的感情。有些人喜欢在地板上做仰卧起坐或平板支撑，也有些人喜欢在院子里散步进行放松。在复习过程中要适当的进行劳逸结合，放松的那部分时间也是不可忽视的。注意饮食健康。

不要吃薯片和巧克力，而是选择新鲜的水果和蔬菜，因为它们既美味又可以帮助你提供缓解压力的营养成分。应当避免食用那些不仅不能帮你缓解压力，而是会增加压力的食物。这些食物包括人造甜味剂、糖果以及含糖类食物、碳酸饮料、薯片、巧克力、鸡蛋、油炸食品、垃圾食品、加工食品、红肉、以及其他包含防腐剂或者大量调料的食品。放弃这些食物，来一碗蓝莓和一罐酸奶吧！
保证充足的睡眠。

不要突击进行考试复习或者试着靠熬夜来完成。如果你一开始制作一个时间表，并严格按照其执行，你一定会信心满满！如果尝试在最后一分钟来突击记忆大量的信息，会导致你在第二天精神疲惫。而且，这种冲刺记忆法只会让你忘记你已经花了一周时间记住的内容。记住：要时刻提醒自己在考试当天做出最高效的发挥。

要对自己有自信！

每个参加考试的人都会感觉紧张和焦虑，但是保持一个积极的态度会缓解你的焦虑，并且使你对知识的记忆和思路更清晰。这将会是一个展示你复习成果的好机会。加油！
确保你准备好所有考试需要的物品。

根据不同的考试，你可能会允许带笔或者铅笔，计算器，字典或者草稿纸进入考场。提前把这些和你进入考场的证件一起整理好，确保考试前准备好所有你需要的物品。
不要和朋友闲聊。

要让你的朋友知道，在考场你不会和他们讲话，但这与个人原因无关！你需要找到一个远离门窗，光线好并且舒服的位置。原因是如果你的朋友担心他的紧张会给你造成压力；当然，你没有必要告诉他们。而如果你担心他们会生气，则告诉他们这可以避免他们遭受你焦虑的困扰。

常见考试错误

考试并不是一件很有意思的事情。特别是当你考试时由于一个本不应该发生的低级错误而失分，会更令人生气。那么在考试中有哪些是常见的错误呢？

忘记写名字。

你怎么能忘记在试卷上写名字呢？你可能会吃惊于自己犯这个错误的次数。经常性的，如果没有写名字，试卷会立刻被作废，考试成绩记为零。

标记错误的选择题答案。

答题的稳定速度在考试中是十分重要的，但这并不代表你要匆忙的答题。确保你写出的答案是你想写的答案。如果你在答题卡或者想圈出的答案是"C"，千万不要因为注意力不集中而答成"B"。

重复回答问题。

有些选择题有非常相近的两个选项。如果你匆忙作答，可能会选择出两个选项。切记题目只有一个正确答案，因此如果你选择了多于一个的答案，那么这道题目就自动作废。

漏答有难度的题目。

我们前面建议先略过有难度的题目，等完成简单题目后在进行作答，但是要注意！首先，确保你会回去看那些题目。用笔圈出整个题目或者在题目前面标注一个大问号，这样当你浏览试卷的时候会提示你还有漏答的题目。第二，如果你不小心跳过了题目，有可能会对你的考试造成极大的影响。想象一下，如果你遇到了一道难题，想等一下再来做。你开始阅读下一个题目，因为你知道答案所以完成了答题。当你完成了试卷的最后一题并回过头来看之前的题目却发现，你并没有跳过那道题！事实上，你把后一题的答案写在的那道题的位置上，导致之后每一道题目的答案都是错乱的！

错误的转移草稿纸上的答案。

这是一个在你匆忙答题时极有可能犯的错误！反复检查你在草稿纸上的答案，并且确认你抄写在试卷上的答案和草稿纸上的内容是一致的。

不要忽略时间，也不要被时间控制。

在限时的考试中，很多学生都因为没能掌握好时间而完不成考试。要注意控制好你的节奏！然而同时，也不要过多的关注考试的剩余时间。

想太多。

通常来说，你想到的第一个答案就是正确答案。如果你总是对自己没有把握，即时你一开始的答案是正确的，你的犹豫不决也会导致你选择出错误的答案！

准备好考试物品。

笔没有水或者没有带备用的铅笔或笔，并不能成为你考试失败的理由！提前准备好所有会用到的物品及备用物品。带上纸巾，备用橡皮，几只削好的铅笔，几节电子设备用的电池，以及其他任何你会需要用的物品。

忽略考试要求。

考试要求是十分重要的内容。如果你略读这些内容，就会很容易漏掉关键词或者曲解题目的意思。没有什么比因为没有认真阅读题目要求而考试失败更糟糕的事情了！

考试结束后：

口语考试结束后，要记得花一点时间坐下来，用笔和纸记录一下你在考试中的表现。简单记下你对自己发挥的评价以及在以后的口语考试中可以做怎样的改进。这一点对于帮助你提高未来口语考试的答题技巧是非常重要的。当你收到成绩和反馈的时候，如果你对你的成绩有任何疑问，可以联系考官和老师来寻求细节上的反馈。

免费电子书版本

请下载本出版物的免费电子书版
本！
可适用于平板电
脑，iPad，iPhone，或者其他智能
手机。

登录
http://tinyurl.com/

www.ingramcontent.com/pod-product-compliance
Lightning Source LLC
Chambersburg PA
CBHW072159090426
42740CB00012B/2321